중국과 대만의
한국학 지식 지형도

어문학 · 역사철학 분야
학술 데이터 분석

중국과 대만의 한국학 지형도 연구 총서 1

중국과 대만의
한국학 지식 지형도

어문학 · 역사철학 분야
학술 데이터 분석

문형진 지음

| 표 차례

| 그림 차례

제1장

서론

- 제1장은 중화권 한국학 지식 지형도 연구의 도입부로 본 연구가 왜 필요한지, 그 주요내용은 무엇인지, 어떤 연구방법을 활용할 것인지를 다루고 있다.

- 1절 연구의 필요성에서는 한국학의 세계화를 외치고 있으나 체계적이지 못한 한계를 지적함과 동시에 중화권 지식확산 체계를 구축할 필요성이 있음을 언급하고, 2절 연구내용에서는 중화권에서 생산된 논문들 중 언어·문학·역사·철학 분야 논문에 대한 지형도 구축을, 그리고 3절 연구방법에서는 텍스트 마이닝 기법, 문헌조사와 비교연구 방법을 활용하게 된 이유를 언급하고자 한다.

제1절 연구의 필요성

본고는 중화권 한국학 지식 지형도를 연구하는 데 그 목표를 둔다. 중화권이란 중국인들이 영향력을 행사하는 지역을 통칭한다. 좁은 의미로는 중화인민공화국과 중화민국(대만)을 일컫는다. 광의로는 화교가 영향을 미치는 동남아 지역을 포괄하지만 본고에서는 협의 개념으로 한정한다. 지형도란 땅의 형태나 형세를 도면화 하는 작업으로 5만분의 1 혹은 10만분의 1 등으로 축척한다. 본고에서 다루고자 하는 지형도는 중화권에서 생산된 논문이다. 이에 지식 지형도라 이름을 붙였다. 한국학 논문이 연구자들에 의해 작성된 논문이기 때문이다.

지형도를 완성하기 위해 먼저 땅을 정밀하게 측량하듯, 본고에서는 중화권에서 발표된 논문들을 세밀하게 분류한 후 분석하고자 한다. 저자별, 발표 연대별, 발표 기관별, 발표 학술지별 등으로 나눈 후 개별 논문에 담긴 키워드를 추출한다. 이를 통해 분야별, 시기별 중심성이 강한 키워드를 추출하고, 상호 키워드 간에 존재하는 연결성을 파악한다. 개별적인 키워드의 출현 빈도도 중요하지만 동시 출현 키워드에 또다른 의미가 담겨 있기에 동시 출현 정도도 살펴보고자 한다. 상기 작업을 통해 추출된 키워드를 바탕으로 거시적, 미시적 지형도를 분석한다. 거시 지형도란 중화권 한국학의 전체적인 틀을 보여주는 것으로 연도별 논문량과 빈도수가 높은 키워드, 중심성이 강한 키워드, 동시 출현 상위 키워드, 저자별 상위 논문 생산 정도, 한국학을 많이 수록한 대표 학술지 등이 담길 것이다. 그리고 미시 지형도에서는 시기별 분포 정도와 피인용지수가 높은 저자의 상위 분포도 등을 통해 한국학 지식확산 구조를 파악하고자 한다. 본고의 주제가 중화권 한국학 지식 지형도 연구인 만큼 중국과 대만의 한국학을 상호 비교하여 그 차이점을 드러내는 작업도 병행할 것이다.

한편 본고의 목표가 중화권 한국학 지식확산 체계를 구축하는 것인 만큼 먼저 지식 구조에 대한 개념을 확립할 필요가 있다. 이에 개인적인 지식 → 집단적 지식 → 사회적인 지식으로 변화한다는 설정하에 각 과정에서 작용하는 오피니언 리더의 역할과 보이지 않는 손의 작용을 도식화하고자 한다. 이를 토대로 지금까지 조사한 내용들을 반영한 중화권 한국학 지식확산 모델을 완성한다. 물론 중국대륙과 대만의 한국학 지식확산 모델에 담긴 차이점도 비교 분석한다.

살펴보고자 하는 논문량이 중국과 대만을 합쳐 약 10,347편이다. 한편의 논문을 10페이지로 환산해도 10만 쪽을 상회한다. 엄청난 양으로 이를 효과적으로 체계화한다는 것이 결코 쉬운 일이 아니다. 이에 본고에서는 논문에 담긴 핵심 키워드를 추출하여 그 키워드 속에 담긴 의미와 지식 구조를 파악하는 것으로 한정한다. 네트워크(Network) 분석 기법은 본 작업을 효율적으로 수행하도록 해줄 것이다.

　한국과 중국, 한국과 대만의 관계는 사뭇 다르다. 대만과는 1948년 수교했고, 중국과는 1992년에 수교했다. 40여 년의 차이가 있듯 한국학의 발전 경향도 다르다. 우리나라와 대만의 대외관계는 같은 체제를 유지하고 있었기에 한중 수교 전까지 긴밀한 관계를 유지하고 있었다. 미국이 중국과 수교한 후 대만과 단교했으나 한국과는 관계가 유지되고 있었다. 그 결과 대만에서의 한국학은 1980년대 가장 번성하게 된다. 일본 제국주의 침략을 받았고 폐허 속에서 경제발전을 이룩했으며, 강대국을 이웃하고 있는 조건 등이 비슷했기에 한국은 연구의 대상이었다. 그 결과 대만에서는 한국의 경제발전 모델과 금융체계, 기업 구조 등에 관심이 많았다. 그러나 한중 수교는 많은 변화를 불러일으켰다. 대사와 대사관 직원들이 쫓기듯 대사관을 떠나야 하는 상황이 대만인들에게 커다란 상처를 주었기 때문이다. 대만에서의 한국학은 이후 정체되거나 하향하는 현상을 보인다.

　반면, 중국대륙의 경우 한중 수교를 기점으로 한국학 붐이 조성된다. 한국학과와 한국을 연구하는 연구소가 대규모로 설립되고 많은 학술지 등도 생겨나 한국학에 대한 관심이 크게 형성된다. 그러나 한중 수교 후 20여 년이 지난 후, 미중 갈등과 한중 갈등이 중첩되면서 한국에 대한 이미지가 악화되었고, 그 결과 한국학이 확산되지 못한 결과로 이어진다. 본고는 한국과 중국, 한국과 대만의 관계에 따라 한국학이 어떻게 영향을 받았는지를 중화권 지식확산 구조에서 자세하게 다루고자 한다.

　중국의 56개 민족 중 하나인 조선족은 한반도에서 이주한 사람들이다. 19세기 말에서 20세기 초 그리고 일제강점기까지 독립운동을 위해, 혹은 먹고살기 위해 타향에 정착한 사람들이다. 함경도 사람들이 국경을 넘어 연변 일대에 정착하였고, 평안도 사람들이 심양을 중심으로 한 요녕성 일대에 정착했다. 그리고 남쪽에서 이주해 간 사람들이 외각 지역이나 흑룡강성 일대에 정착하였다. 이주의 목적이 다르고 정착지 또한 달랐지만 자식을 가르치겠다는 생각은 모두 한결같았다. 이에 마을을 형성할 때 수전이 가능하거나 열차가 있어 이동이 편한 지역 그리고 자식을 가르칠 수 있는 학교가 있는 지역을 선호했다. 자신은 못 배우고 농사를 짓더라도 자식만큼은 가르치겠다는 것이 삶의 목표였다. 이렇게 대학에 진학한 조선족 학생들 중 일부가 대학원을 진학한 후 연구자의 길을 걷게 된다. 이들에게 있어 조선어와 조선족 문화는 그들 삶의 일부였다. 이에 조선족들은 자신들만의 언어와 문화 등을 가르치고 연구했다. 조선어를 가르칠 수 있는 민족학교는 민족어와 문화를 유지하고 계승하는 뿌리였다.

　중국에서의 한국학은 바로 조선족들이 자신들의 언어와 삶을 가르치고 연구하는 데서 시작되었다. 최근 들어 한족을 비롯한 다양한 연구자들이 참여하고 있으나 1992년 한중 수교 전까지만 해도 대부분 조선족에 의해 그 명맥이 유지되어 왔다. 이 당시까지만 해도 사회주의를 공유한 북한과 밀접한 관계를 유지하고 있어, 초기의 한국학은 북한과의 교류 속에 형성 발전되었다. 1980년대 중국이 개혁개방의 길로 접어들고, 한국과 수교를 맺으면서 인적, 물적 교류가 확대된다. 그러나 오랫동안 체제가 다르고 왕래가 없었기에 다름이 보편화된 채 흘러갔다. 한중 수교 후 다름이 유사함으로 발전되고 있으나 상호 간에 인식 차가 상존하고 있다.

그러나 대만에서의 한국학 태동은 외교 관계 유지와 학교 간의 교류, 유학생에 대한 가르침 등 필요성에 따라 형성된다. 조선족이라는 같은 민족이 없었기에 출발부터가 달랐다. 그러나 많은 인적, 물적 교류와 수교 초기 지도자들의 유대 관계 등이 작용하면서 한국과 한국학에 대한 관심이 증가한다. 중국의 대만 고립정책에 따라 한국과의 관계도 어려움에 처하지만 그전까지는 한국학에 대한 관심도 많았다. 거시 지형도와 미시 지형도에서 중국과 대만의 한국학 연구 관점의 차이에 대해서도 살펴보겠다.

본고에서는 언어·문학·역사·철학 네 방면에 걸쳐 중화권 한국학이 누구에 의해, 어느 시기에, 어떤 기관에 의해 생성 발전되었고, 어떤 지식 구조를 가지고 있는지를 밝히고자 한다. 즉, 한국학이라는 '지식체계'가 중화권 지역에서 시기별로 어떤 연구자와 연구기관들을 통해 생성, 전파, 공유되었는지에 대한 '지식의 확산 과정'과 이 과정에서 형성되는 '지식 확산 구조'를 파악하는 데 그 목적이 있다. 이를 위해 본연구는 중화권 지역의 한국학이라는 '지식체계'가 관련분야 논문이 처음 생산된 시기부터 2017년까지 어떻게 형성되고 발전되었는지를 체계적으로 고찰해 보도록 하겠다.

제2절 연구 내용

1) 선행 연구 검토

기존의 중화권 한국학 연구는 해당 국가의 한국학 연구 동향을 소개하거나 연구자의 관심 분야 연구 성과를 설명하는 정도에 그치고 있다. 연구자의 규모도 소수였지만 대부분 조선족들이 중국의 한국학 연구 경향을 소개하거나, 한국의 중국학 전공자들이 자신의 학문 분야를 소개하는 정도였다. 이에 특정 분야에 치우치는 경향이 있었고, 시기적으로 제한되어 있거나 지역이 편중되는 한계가 있었다. 최근 들어 학문 분야도 다양화되고 한국과의 관계 속에서 보다 세부적으로 조망하려는 연구 성과가 발표되고 있어 진일보한 측면이 있으나 더 많은 연구가 진행될 필요가 있다.

먼저 중국의 한국학 연구 동향을 살펴보면, 대부분의 논문들이 한국학과 발전 현황과 한국학 커리큘럼, 한국학 관련 연구소를 소개하는 정도에 그치고 있다. 특정 지역을 소개하고 있거나 일반적인 한국학 현황을 설명하는 정도에 머물러 있다. 일부는 특정한 시간대를 설정한 후 그 기간 안에 발표된 논문에 한정해서 조사한 경우도 있어 편린적인 한계에서 벗어나지 못하고 있다[소재영, 「중국에서의 한국학 연구」(2009: 7-19); 肖霞·李忠輝, 「中國韓國學硏究現狀、問題及建議」(2012: 143-162); 張國强·鄭傑, 「중국에서의 한국학 연구 현황과 전망」(2014: 65-83); 沈儀琳, 「중국에서의 한국학 연구동향」(1992: 183-209)].

이러한 한계에도 불구하고 송현호의 논문 「중국 지역의 한국학 현황」(2012: 463-504)은 중국의 주요 한국학 관련 기관과 연구자 그리고 연구소의 현황을 일목요연하게 정리하고 있어, 중국의 한국학 현황을 체계적으로 정리한 연구 성과라 할 수 있다. 그는 상기 논문에서 중국의 한국학 관련 주요 대학 현황과 한국학 관련 학술활동 정황을 상세하게 소개하고 있다. 중국 내 37개 대학 한국학 관련 학과의 교사 수와 재학생 수 그리고 설립연도와 주소까지 표로 정리하고 있고, 이들 대학의 한국학 관련 교과목 개설 현황도 소개하고 있다. 아울러 중국 주요 대학 한국학 관련 연구소 현황도 소개하고 있으며 이들 대학이 한국 연구기관으로부터 수주 받아 수행하고 있는 프로젝트 현황에 대해서도 자세하게 언급하고 있다. 바로 이러한 연구 성과가 있었기에 이후 좀 더 심도 있는 한국학 연구가 가능했을 것으로 판단된다. 아울러 송현호는 또 다른 논문 「한중 인문 교류의 현황과 과제-교육부의 한국학진흥사업을 중심으로」(2014: 1-24)에서 한국학진흥사업 추진 현황을 소개하고 발전적인 계승이 필요함을 역설하고 있다. 그는 한국학진흥사업

들 중 '해외 한국학 학문후속세대 양성사업'의 경우 한국학 관련 차세대 인력을 양성함으로써 귀국 후 현지 한국학 발전에 기여하고 있고, 한국학 교육 프로그램과 교재 개발을 목적으로 하는 '해외 한국학 씨앗형 사업' 또한 다양한 교육 프로그램과 교육 자료를 개발하고 운영함으로써 한국학의 국제 경쟁력 강화에 이바지했다고 자평했다. 아울러 '해외 한국학 중핵대학 육성사업'의 경우도 중국에서는 연변대학, 중앙민족대학, 남경대학, 중국해양대학, 산동대학 등이 선정됨으로써 한국학의 위상을 제고하는 데 기여했다고 평가했다.

주목되는 또 다른 연구 성과로 김윤태의 논문 「중국 지역의 한국학 현황」(2006: 77-91)을 들 수 있는데, 그는 이 논문에서 중국에서 발행된 저서 1,123건, 논문 1,991건 등 총 3,114건을 대상으로 한국학 연구 경향과 변화과정을 추적하고 있다. 시기적으로는 1949년부터 1999년까지 발행된 자료를 토대로 연구 영역을 분리하고 시기별 연구 경향을 소개하고 있다. 논문량의 변천과정을 도표로 제시하고 있는가 하면, 중국의 한국학 연구 경향을 개혁개방 이전 시기, 개혁개방 이후에서 양국 수교 전 시기, 한중 수교 이후 시기로 나눈 후 그 시기별 특징을 소개하고 있다. 중국의 한국학 관련 연구 성과를 통계화하고, 시기별 특징을 개념화했다는 데 큰 의미가 있다.

다음으로 특정 학문 분야 연구 성과를 소개하는 논문들을 살펴보면, 박동훈은 「중국에서의 한국정치 연구동향과 과제」(2013: 169-202)에서 한중 수교 이후 약 20년간 중국 정치학 분야의 연구가 어떻게 양적, 질적 변화를 가져왔는지에 대해 『당대한국』(중국사회과학원)과 『한국연구논총』(푸단대학 한국연구센터) 두 학술지에 실린(1996–2010년까지 15년간 게재된 논문) 한국 정치 관련 논문을 대상으로 분석하고 있다. 중국학자들의 논문이 국제체계론적 수준에 머물러 있고, 방법론적으로 도 한계가 있으며 한글 문헌 접촉능력에 한계가 있음을 지적하고 있다. 또한 박현규는 「중국 지역 한국학 고문헌 정리 현황과 수집 방향」(2009: 459–492)에서 중국대륙과 대만, 홍콩, 마카오 지역 도서관 60곳에 산재 해 있는 고문헌 3,000부를 조사한 후 그 현황을 정리하고 있다. 아울러 윤혜연은 「중국에서 한국학 교육의 역사와 현황 그리고 향후 전망」(2016: 399–426)에서 중국에서의 한국학이 어떻게 시작되었고 발전되었는지를 설명하면서 연변대학과 중앙민족대학에서 행해진 민족학으로서 한국학 현황에 대해 밝히고 있다. 그리고 중국의 산동대학, 푸단대학, 난징대학 에서 아시아 지역학으로서 한국학이 교육되는 실태를 소개하고 있다.

지금까지의 연구 성과를 정리해 보면 일부 주목할 만한 연구 성과가 있음에도 불구하고 특정 학문 분야에 치우쳐 있거나 일부 지역을 다루 고 있는 지역적인 한계, 그리고 특정 기간에 발표된 논문을 대상으로 하는 시간적인 한계 등을 노정하고 있어 중국학 연구를 종합적으로 다 루지 못하고 있다. 이에 본고에서는 상기의 연구 성과들을 토대로 중국 과 대만에서 발행된 언어·문학·역사·철학 분야 연구 성과들을 모두 분석하여 중화권 한국학을 총정리하는 지식 지형도 체제를 구축해 보 고자 한다.

2) 연구 분야와 범위

지역적인 범위로는 중국대륙과 대만을 대상으로 하고 학문 분야로는 언어·문학·역사·철학 4개 분야를 대상으로 한다. 시간적으로는 1949년 중화인민공화국 성립기부터 2017년 최근까지 중국과 대만에서 발표된 10,347편을 대상으로 한다. 세부적으로는 어학 분야(1956–2017) 논문이 1,427편, 문학 분야(1952–2017) 논문이 1,386편, 역사 분야(1932–2017)가 2,091편, 철학 분야(1957–2017)가 1,427편이며 대만(1950–2017)이 4,016편이다. 4개 분야에 대한 빈도분석과 피인용지수를 이용해 분야별, 시기별 '오피니언 리더(개인과 기관)'를 파악하고 피인용지수가 높은 문헌의 키워드를 활용한 내용 분석을 진행한다.

논문 주제와 핵심 키워드를 통해 해당 문헌의 연구내용을 분류할 뿐만 아니라 다른 논문과의 상관성을 살펴보면 공통의 관심사와 연구 경

<그림 1> CNKI 피인용지수 도식화

향의 변화도 규명할 수 있을 것이다. 그리고 시기별 대표성을 갖고 있는 논문을 추출하여 다른 논문과의 관계성을 살펴본다면 지식의 상호 연결성이 드러날 것이다. 이러한 작업을 보다 효과적으로 진행하기 위해 키워드 간 인용 매트릭스 표를 작성하고 넷마이너(NetMiner) 연결망 분석 프로그램을 활용하여 분석결과를 도출하고자 한다.

먼저 지식체계를 파악하기 위해 지식확산 구조도를 완성한 후 '한국학 지식확산 모델'에 적용시키고자 한다. 지식확산 모델로는 진관타오가 주장한 S형 곡선을 활용하도록 하겠다. 아울러 중화권 지식 구조에 중요한 인자로 작용하고 있는 오피니언 리더의 역할과 보이지 않는 손의 작용에 대해서도 주목하고자 한다. 오피니언 리더는 한국학 관련 논문을 많이 생산하거나 피인용지수가 높은 영향력 있는 연구자를 일컫는다. 그리고 보이지 않는 손은 한국학이 확산하는 데 기여한 연구소와 학술지 등을 통칭한다. 개별 연구자가 언제 몇 편의 논문을 작성하였고 주된 내용은 무엇이며, 그 속에 담긴 키워드는 무엇인지 그리고 논문이 어떤 학술지에 수록되었는지 등이 모두 분석 대상이다. 상기의 작업을 통해 한국학 지식확산 구조를 체계화하고 도식화할 것이다. 아울러 한국학 지식확산 구조가 어떻게 형성되었고 발전되었는지에 대해 한중 수교를 기점으로 이전과 이후로 나누어 시대별 변화 과정을 살펴보겠으며 어문학과 역사·철학으로 구분하여 분야별 지식 구조도 시각화하도록 하겠다. 그리고 중국과 대만의 지식체계를 비교함으로써 중화권 지식확산 구조에 담긴 차이를 드러내 보도록 하겠다.

한편 중화권 한국학의 효과적인 분석을 위해 거시 지형도와 미시 지형도로 나누어 살펴보고자 한다. 거시 지형도에서는 어문학과 역사·철학으로 분야를 나눈 후 각 분야별 논문 발표량과 그 흐름을 살펴본다. 이를 통해 한국학이 언제 생성되었고 어떻게 집단화되었으며 언제부터 정체기를 맞았는지 규명할 수 있을 것이다. 그리고 학문 분야마다 주요 상위 키워드를 추출한 후 중심성이 강한 키워드를 추출하고 개별 키워드 사이에 어떤 연결성이 존재하는지 살펴보도록 하겠다. 일련의 작업을 통해 시대를 관통하는 주요 어젠다가 무엇이고 어떤 지식체계를 구축하고 있으며 주요 관심 분야가 무엇인지 밝혀낼 수 있을 것이다.

아울러 미시 지형도 연구에서는 1992년 한중 수교를 기점으로 전후 시기로 나누어 시대별 지식 구조를 살펴보도록 하겠다. 중국의 경우 한중 수교 이전 누가 어떤 관점에서 논문을 작성하였는지 다뤄질 것이며, 한중 수교 이후 어떤 과정을 거쳐 한국학 연구가 활성화되고 그 동인은 무엇이었는지가 규명될 것이다. 미시 지형도 단계에서도 상위 키워드를 활용한 군집성과 연결성 등이 키워드 동시 출현과 함께 분석되고 해석될 것이다. 중화권 한국학의 비교 분석을 위해 거시 지형도와 미시 지형도 단계마다 중국대륙과 대만의 한국학 현황을 비교하도록 하겠다. 한국과 중국, 한국과 대만, 중국과 대만의 관계에 따라 한국학 연구 경향이 상호 영향 받게 되는 현상이 드러날 것이고, 이 관계 속에서 한국학의 지식확산 구조도 보다 구체적으로 규명될 수 있을 것이다.

이러한 작업이 성공적으로 진행되기 위해서는 중화권 학계에서의 역량평가를 어떻게 반영하느냐가 중요하다. 이를 위해 한국학 연구의 피인용 횟수를 통해 어느 정도의 위상을 점유하고 있는지를 파악하는 작

업이 필요하다. 또한 중화권의 주요 학술지에 실린 한국학 연구의 집필
자 소속 기관을 추출해 내는 것도 필요하다. 이러한 작업은 향후 어떠
한 기관이 한국학의 성과를 효과적으로 주류사회에 전파하고 있는지를
측정하는 중요한 근거가 될 것이다. <그림 2>는 개별 키워드들이 어떻
게 연결되어 지식 구조를 형성하고 있는지를 도식화한 것으로, 유사성
이 있는 클러스터별로 의미를 파악하고 해석함으로써 지식체계를 개념
화하는 것을 보여주는 예시이다. 본고에서는 중화권 한국학 지식 구조
를 체계화하고 개념화하는 데 상기 키워드 연결망을 활용하겠으며, 개
별 키워드 속에 담긴 의미를 드러내는 데 주안점을 두도록 하겠다.

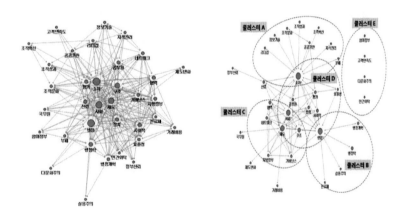

<그림 2> 키워드 연결망과 의미의 연결망1)

---

1) 이 그림은 최영출·박수정의 논문(「한국 행정학의 연구경향 분석: 네트워크 텍스트 분
석방법의 적용」, 『한국행정학보』 45-1, 2011, pp.123-139)에서 인용함.

제3절 연구 방법

본고에서는 중화권 한국학을 연구하는 방법으로 텍스트 마이닝(Text mining) 기법과 비교연구 방법 그리고 문헌조사 방법을 활용하고자 한다. 텍스트 마이닝 기법이란 데이터로부터 통계적인 의미가 있는 개념을 추출하는 것으로, 한국학 관련 키워드 데이터를 처리하여 연결 속성과 의미를 산출하는 데 활용하고자 한다. 그리고 비교연구 방법을 통해 중국대륙과 대만의 한국학 연구 경향과 연구 관점의 차이, 지식확산 구조의 차이 등을 파악한다. 아울러 문헌조사 방법을 통해 방대한 논문을 조사하고 분류하며 이를 학문 분야별로 분류하고 체계화하는 데 활용하고자 한다.

먼저 텍스트 마이닝(Text mining) 방법으로 네트워크(Network) 분석 기법을 활용하고자 한다. 이 분석 방법을 활용하고자 하는 이유는 중심성이 높은 키워드가 무엇이고, 키워드 간에 연결 관계가 어떻게 형성되고 있는지 그 구조나 상호 관계를 파악하기 위해서다. 이를 통해 한국학 지식 구조 속에 담긴 속성을 파악할 수 있다. 아울러 단순히 출현 빈도가 높은 키워드만을 대상으로 분석했을 때 나타날 수 있는 한계를 극복하기 위해 동시 출현 키워드를 추출하고 분석하는 작업도 함께 진행하고자 한다.

본 키워드 연결망 분석 작업은 인문학 자료에 통계학을 융합함으로써 보다 자료를 객관화시킨다는 데 의미가 있다. 그리고 이를 시각화함으로써 전체적인 의미를 보다 직관적으로 파악할 수 있는 장점도 있다. 또한 개별 키워드 가운데 중심성이 강한 키워드는 무엇이고, 그 키워드 사이에는 어떤 연관성이 있으며, 키워드의 군집화는 어떻게 형성되고 있는지를 분야별과 시간별로 그 흐름을 추적함으로써 전체적인 의미에 접근해 가고자 한다. 본고에서 활용하는 네트워크 분석 기법은 주요 키워드 데이터를 활용하여 키워드 간에 연결망을 파악하는 사회과학적인 방법이다.

이 책에서 다루고자 하는 분야는 어문학과 역사·철학 등 네 개 분야로 나누어져 있다. 각 분야의 특징을 파악하고 시대별 변천 상황을 파악하며 중국대륙과 대만의 한국학을 비교하기 위해서는 키워드 분석을 통한 네트워크 분석 방법이 가장 효과적이라고 판단했다. 아울러 중화권에서 생산된 한국학 관련 논문이 총 10,347편[중국대륙 6,331편 (어문학과 역사·철학 분야), 대만 4016편]에 달해 매우 많은 편이다. 이 논문들에 담긴 지식체계를 파악하고 그 의미를 추출해 내기 위해서라도 네트워크 분석 방법이 가장 효과적이라고 생각된다.

중국 논문 데이터의 경우 중국 CNKI(China National Knowledge Infrastructure, 中國知網)의 학술논문 데이터베이스 CAJD(China Academic Journal Network Publishing Database) 검색 기능을 활용했다.

<그림 3> 중국 CNKI 검색화면과 검색조건

한국학 관련 문헌을 검색함에 있어 문헌 제목란에 '한국(韓國)', '남한(南韓)', '대한민국(大韓民國)'이라는 키워드를 입력해서 관련 문헌을 검색했다. 문헌 검색기간은 관련 문헌의 최초 생성 시기부터 2017년 최근까지 언급된 논문을 분석 대상으로 삼았다. 검색 분야는 본고에서 다루고 있는 언어 · 문학 · 역사 · 철학 4개 분야로 한정했다.

대만 지역 논문 데이터 검색의 경우 대만국가도서관의 대만저널(정기간행물) 논문색인시스템(台湾期刊論文索引系統, PerioPath Index to Taiwan Periodical Literature System)을 이용했다.

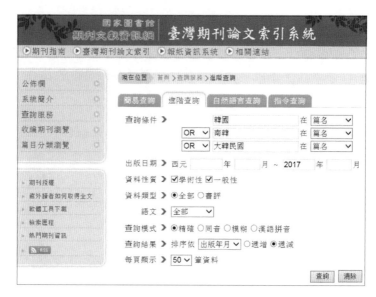

<그림 4> 대만 논문색인시스템 검색화면과 검색조건

검색 주제어로 '한국(韓國)', '남한(南韓)', '대한민국(大韓民國)'이라는 키워드를 입력해서 관련 문헌을 검색했다. 문헌 검색기간과 대상은 관련 문헌이 최초로 생성된 시기부터 2017년 최근까지 생성된 논문을 분석 대상으로 삼았다.

본 연구를 효율적으로 진행하기 위해 키워드 연결망에 주목하였고, 키워드 전체 연결망 파악을 위해 연결 정도 중심성(Degree Centrality)을 살펴보겠으며, 키워드 군집에 담긴 의미를 해석하기 위해 클릭(Clique) 분석을 진행할 것이다. 아울러 키워드 군집에 담긴 의미를 보다 구체적으로 파악하기 위해 논문 키워드 출현 빈도가 높은 논문을 대상으로 그 내용 파악을 진행하겠다. 한편 본 연구에서는 사회연결망분석 프로그램으로 사이람(주)에서 개발한 소프트웨어를 활용하겠다.

그리고 비교연구 방법을 활용하여 중화권 한국학의 차이점을 드러내
도록 하겠다. 중국대륙과 대만의 한국학은 생성 시기부터 형성, 발전,
정체에 이르는 시기가 상이하다. 대만의 경우 1948년 수교를 전후해서
한국학이 성립된 반면, 중국의 경우 1949년 중화인민공화국 성립 이후
부터 한국학이 형성된다. 한국학 발전의 경우 대만은 민주주의를 공유
하면서 1980년대 한국학이 번성한 반면, 중국은 1992년 한중 수교를
기점으로 한중 관계에 훈풍이 불면서 한국학 연구가 왕성하게 진행된
다. 한국학이 정체되는 시기도 차이가 있는데, 대만의 경우 한중 수교를
기점으로 이런 현상이 발생하지만, 중국은 수교 후 20년이 지난 2012
년부터 하향곡선을 그리게 된다. 중국과 대만의 한국학 발전과정의 차
이는 지식체계의 차이와 지식 구조의 차이로 연결된다. 이러한 상이점
을 거시 지형도 연구와 미시 지형도 연구에서 상호 비교를 통해 드러
내 보도록 하겠다.

마지막으로 문헌조사 방법을 활용하여 중국의 CNKI와 대만의 논문
색인시스템에서 본고의 연구 대상인 언어·문학·역사·철학 분야의
논문을 추출한 후 해당 논문에 담긴 키워드를 추출하고 그 논문의 생
성 시기와 피인용지수, 게재 학술지 등을 정리한다. 이후 해당 논문이
작성된 시기별 논문 작성 경향과 특징 등을 실증적으로 검증하도록 하
겠다. 이러한 방법을 통해 해당 논문의 기본 정보와 내용에 대한 분석
이 진행되면, 다른 논문과의 상호 관계와 키워드 간의 연결망 그리고
중화권 한국학에서 차지하는 위치 등이 규정될 것이다.

중화권 한국학 지식확산 구조

◆ 제2장에서는 중화권 한국학 지식확산 구조를 구성하고 있는 요소들을 드러 냄과 동시에 그 개념을 설명하는데 목적이 있다.

◆ 1절에서는 중화권 한국학 지식확산 모델에 대한 개념을 규정한 후 S형 지식 확산 모델에 대해 설명한다. 그리고 2절에서는 논문양과 키워드를 활용한 오피니언 리더의 역할에 대해 언급한다. 마지막으로 3절에서는 한국학 지식 형성에 작용하는 보이지 않은 손의 형성과정에 대해서도 설명한다.

제1절 지식확산 모델: S형 곡선

1. 지식확산 구조 개념도

본고에서 살펴볼 중화권 한국학 지식확산 구조의 이론적인 틀은 진관타오(金觀濤)와 류칭펑(劉淸峰)이 주장한 지식확산 구조에 기반을 두고 있다. 이들의 주장에 따르면 지식이 개인적인 지식에서 집단적인 지식으로 변화한 후 전 사회 구성원들에 의해 일반화되는 사회적인 지식으로 발전한다는 것이다. 즉, 연구자들은 자신의 관심 분야나 연구할 대상에 대해 자료와 타인의 글 등을 선택적으로 흡수하는 초보적인 단계를 거친다. 모든 연구자들이 그렇듯이 이 단계에서 타인이나 외부적인 요소에서 제공되는 정보 또한 습득되거나 채택되는 단계를 거친다. 이 과정에서 생성된 결과물이 있는데 그것이 논문이라는 형태로 발현된다고 보았다. 그리고 이렇게 작성된 논문은 학술대회나 학술지 등을 통해 외부에 알려지게 되는데 이 단계를 집단적인 지식화 단계로 보았다. 즉, 한 연구자에 의해 작성된 논문이 동료나 다른 연구자들에게 전파되면서 다시 확산되는 과정을 거쳐 집단 속에서 공감대를 형성하게 되는데, 이를 그 집단이 수용하고 받아들여 집단지식화 되는 단계로 본 것이다.

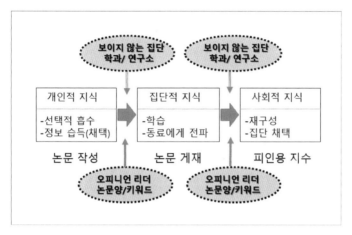

<그림 5> 중국의 한국학 지식확산 모델 개념도

<그림 5>는 지식확산 구조를 시각화한 것이다. 상기 그림에 의하면 개인적인 지식이 이후 논문 게재를 통해 집단적인 지식으로 변화하며 이러한 과정을 거쳐 사회적인 지식으로 발전하는 것을 볼 수 있다.

그렇다면 집단화한 지식이 어떻게 사회적인 지식으로 발전하는 것일까? 진관타오는 다른 연구자들에 의해 인용되는 과정을 거쳐 이론과 학설이 보편화됨으로써 사회적인 지식으로 발전한다고 보았다. 즉, 기존의 주장에 여러 학자들의 주장이 가미되어 새롭게 재구성되거나 집단화되는 과정을 거친다는 것이다. 유교라는 것이 처음 생성되었을 때

공자의 개인적인 주장에 불과했지만 이후 그의 제자들과 유가들이 이를 학습하고 발전시킴으로써 집단적인 지식으로 변화하였고, 이후 맹자와 주희 등에 의해 새롭게 해석되고 저서 등으로 구체화됨으로써 국가의 통치 이념이자 사회의 보편적인 윤리로 확산하는 과정을 거쳤다고 본 것이다.

본고에서는 진관타오의 지식확산 구조를 근간으로 하여 중화권 한국학의 지식확산 구조를 살펴보고자 한다. 중화권 한국학의 경우 연구자들이 한국학을 어떻게 접했고, 이것이 어떻게 논문으로 작성되었으며, 발표된 논문이 타 연구자들에 의해 어떻게 인용되는 과정을 거쳤는지 그 과정을 논문의 양과 주요 키워드 분포 현황 그리고 피인용지수를 활용하여 수치화하고 통계 처리를 함으로써 객관화시키는 작업을 진행한다. 이러한 작업을 통해 중화권의 한국학 지식 지형도가 보다 시각적으로 구현될 수 있을 것이다.

2. 지식확산 모델

<그림 6>은 진관타오의 지식확산 구조와 Boisot의 이론을 병합하여 지식확산이라는 S형 모델을 도식화한 것이다. 세로축은 개인적인 지식이 논문으로 작성되어 타 연구자에게 영향을 미침으로써 그 집단에 의해 하나의 이론이나 지식으로 수용되는 집단화 지식 단계를 거친 후 다른 연구자들에 의해 인용되어 재구성되는 사회적인 지식 단계를 표현하고 있다. 그리고 가로축은 시대적인 흐름 속에 한국학 지식이 어떻게 확산하는지를 보여준다. 한중 수교 전 연구자의 개인적인 관심과 연구 분야를 중심으로 선택적으로 지식이 흡수되는 단계를 거쳐, 한중 수

교라는 커다란 흐름 속에서 연구자의 저변이 확산되고 한국학을 바라보는 시각도 개선되면서 기존의 연구 성과와 한국의 연구 경향을 보다 적극적으로 학습하고 수용하는 단계를 거치게 된다. 이후 이렇게 학습된 한국학이 중국인 개인의 필요성과 연구적인 관심 그리고 그 효용성의 증대로 새롭게 재구성되는 단계로 진입하게 된다. 즉, 가로축은 시간적인 흐름 속에 한·중 두 나라의 수교라는 격변을 거치면서 중화권 한국학이 변화하는 과정을 보여준다.

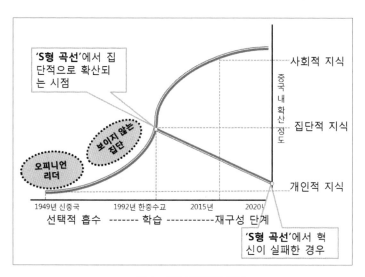

<그림 6> S형 지식확산 모델

그렇다면 S형 곡선은 중국과 대만에서 동일한 그림으로 나타나는 것일까? 이를 입증하기 위해 본고에서는 오피니언 리더의 역할과 보이지 않는 집단의 작용에 주목하였다. 오피니언 리더란 연구자 개인을 칭할 수도 있고, 연구기관을 나타낼 수도 있다. 즉, 연구 분야에 있어 많은

논문을 생산해 내거나, 타 연구자에 의해 많이 인용되는 논문을 작성한 사람이 여기에 해당된다. 다작도 중요하지만 연구 성과가 적더라도 피인용지수가 높을 경우 이 또한 주목해야 할 리더라고 할 수 있기 때문이다. 그리고 보이지 않는 집단의 경우 연구자가 속한 학과나 연구소 그리고 연구 성과를 게재할 수 있는 학술지를 통칭한다. 학과나 연구소가 설립되면 그만큼 연구자들이 많이 필요하게 되고, 그 과정에서 많은 연구자가 채용되어 연구자의 인재풀이 늘어나기 때문에 지식의 확산이란 측면에서 보면 매우 중요한 매개체라고 할 수 있다. 그리고 학술지의 창간과 출판은 연구 성과를 확산하는 통로로 작용한다는 측면에서 이 또한 의미 있는 성과라고 할 수 있다. 본고에서는 오피니언 리더와 보이지 않는 집단을 활용하여 개인의 지식이 어떻게 집단화하고 사회적인 지식으로 발전하는지에 대해 시간적인 흐름에 주목하면서 S형 곡선을 활용하여 시각적으로 구현해 내도록 하겠다.

상기에서 언급한 S형 곡선을 적용시켜 보면 중국대륙의 경우 한중 수교 이후 한국학이 보다 집단화되고 발전하는 과정으로 나아가지만, 대만의 경우 한국에 대한 서운함과 배신감 등으로 인해 기존의 우호적인 연구나 관심이 축소 지향적으로 바뀌는 현상이 나타난다. 즉, 중국대륙의 경우 한중 수교 후 연구자의 증대와 학과 연구소 등 제반 연구환경 등이 많이 개선됨으로써 논문의 양이나 키워드의 확장성 등이 지속적으로 발전하는 방향으로 변화한 반면, 대만의 경우 한중 수교 전에 발전된 상황이 오히려 한중 수교를 거치면서 논문의 양과 키워드 확장성이 감소하는 방향으로 나타나 대조적인 것을 알 수 있다. 본고에서는 중국과 대만에서 나타난 지식확산 구조의 차이점을 S형 곡선으로 구현시키도록 하겠다.

제2절 오피니언 리더의 역할

1. 논문량 분석

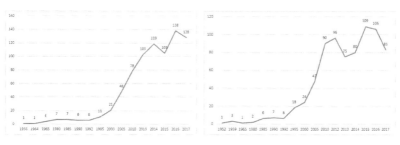

<그림 7> 언어 분야 1956-2017년
연도별 논문 발표량

<그림 8> 문학 분야 1952-2017년
연도별 논문 발표량

중국에서 생산된 언어 분야 논문양을 살펴보면, 수교 전까지 매년 10편 이내였다. 1956년 처음 언어 분야 논문이 발표된 이후 1992년까지 36년 동안 총 91편이 생산되어 1년 평균 2.5편이 발표되는 데 그쳤다. 이러한 결과는 소수 연구자들이 자신의 관심 분야를 논문으로 작성하는 정도에 머물렀음을 의미한다. 한중 수교는 언어 분야 논문이 확대되는 일대 계기가 된다. 수교 이후부터 2017년까지 24년간에 걸쳐 총 1,336편이 발표되어 이전 시기보다 약 15배 증가한다. 연평균 55.6편이 생산된 결과로 이전 시기보다 22배 확대된다.

　문학 분야 또한 수교 전과 후가 극명하게 차이 난다. 1992년 수교 전까지 언어 분야와 마찬가지로 연평균 10편을 넘지 못하다가 수교 후 급격하게 증가한다. 수교 전 40년 동안 총 109편이 발표되어 연평균 2.7편에 머물렀고, 수교 이후에는 24년 동안 총 1,277편이 발표된다. 이전 시기보다 총 논문 수에서 15배 증가한 수치이고, 연평균을 계산해 봐도 20배 증가했음을 의미한다.

　한중 수교 후 논문량이 급속도로 증가한 것은 연구기관의 확대와 맞물려 연구자들이 대거 채용되면서 이들이 생산해 낸 논문 수량이 증가한 데 그 원인이 있는 것으로 보인다. 이들 중에는 많은 논문을 생산해 낸 학자들도 있어서 이 기간 동안 오피니언 리더 또한 함께 증가하게 된다. 다작을 하거나 피인용지수가 높은 주요 오피니언 리더에 대해서는 다음에 살펴볼 거시 지형도와 미시 지형도 부분에서 구체적으로 살펴보도록 하겠다. 그리고 한국학 관련 학과나 연구소, 학술지들 중 많은 연구를 수행하고 있는 기관들 또한 오피니언 리더에 포함시킬 수 있으나 이 부분들 또한 다음 장에서 살펴보도록 하겠다.

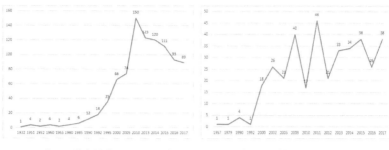

<그림 9> 역사 분야 1932-2017년   <그림 10> 철학 분야 1957-2017년
연도별 논문 발표량   연도별 논문 발표량

역사 분야 최초 논문이 1932년 생산된 후 1992년까지 어문학 분야와 마찬가지로 연평균 10편 내외로 작성된다. 두 번째 논문이 발표된 1951년부터 계산해 보면 41년 동안 총 155편이 생산되어 연평균 3.8편이 발표되었음을 알 수 있다. 그러나 한중 수교 이후 총 1,936편이 발표되어 양적인 면에서(수교 전의 12배)나 연평균 발표 논문 수(수교 전의 21배)에 있어서 괄목할 만한 성장을 하게 된다.

철학 분야 또한 예외가 아니어서 수교 전과 후 논문 발표량에 차이가 있음을 알 수 있다. 1957년 철학 분야 논문이 처음 작성된 이후 1992년 한중 수교까지 연평균 1.6편이 생산되었고, 총 논문 수는 21편에 불과했다. 어문학과 역사 분야에 비해 극히 적은 수치로 중국대륙에서의 철학 분야 연구가 수교 전까지 활성화되고 있지 못했음을 의미한다. 물론 한중 수교는 철학 분야에도 영향을 미쳐 논문량의 증가로 이어진다. 발표 논문 편수가 총 630편에 달해 다른 학문 분야보다는 적지만 괄목할 만한 성장을 이루게 된다. 이전 시기와 비교해서 연평균 16배 증가하였고, 총 논문 수에서도 30배 증가하게 된다.

종합해 보면 어문학 분야뿐만 아니라 역사·철학 분야에 이르기까지 정도에 차이는 있지만 한중 수교 후 논문 발표 수가 급격하게 증가하고 있음을 알 수 있다. 수교 전까지만 해도 개인적인 지식수준 단계에 머물렀으나, 수교 후에는 논문 수의 증가뿐만 아니라 키워드의 다양화, 다작을 생산하는 연구자의 증가 등으로 이어져 오피니언 리더의 출현을 가속화시켰고, 이러한 성과가 한국학의 집단지식화로 발전한 것이 아닌가 생각된다.

2. 키워드 분석

어문학 분야

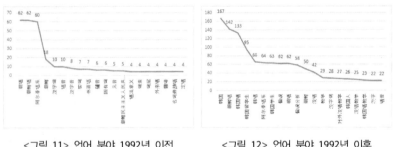

| <그림 11> 언어 분야 1992년 이전 상위 키워드 20 | <그림 12> 언어 분야 1992년 이후 상위 키워드 20 |

1992년 이전 언어 분야 상위 20개 키워드의 분포도를 살펴보면 朝語62, 朝鮮語62, 阿爾泰語系60, 朝鮮18, 漢字詞10, 語音10, 漢字音8, 實詞7, 書面語7, 輔音6, 固有詞6, 元音5, 朝鮮民主主義人民共和國5, 語法4, 意義4, 詞素4, 詞尾4, 外來語4, 翻譯4, 名詞修辭語4라고 할 수 있다. 한중 수교 전이었기에 북한과의 교류 속에서 조선어의 형태와 품사 그리고 수식어, 관념사 등이 주로 연구되었음을 알 수 있다. 1992년

이전 상위 키워드 출현 빈도를 살펴보면 총 294회로 나타난다.

그러나 한중 수교 이후 발표된 논문의 상위 키워드 분포를 살펴보면 韓國167, 朝鮮語142, 韓國語133, 韓國留學生95, 韓語66, 阿爾泰語系 64, 韓國學生63, 偏誤62, 朝語62, 偏誤分析58, 朝鮮50, 漢語42, 教學 29, 漢字詞28, 對外漢語教學27, 韓國人26, 漢語教學25, 韓國語教學 23, 漢字22, 語音22로 나타나 이전 시기와 달리 키워드의 출현 빈도 가 대폭 확장되고 있음을 알 수 있다. 상위 키워드의 구성 요인도 달 라져서 한국 관련 단어가 많이 출현하고 있다. 1992년 이후 상위 키 워드 총 출현 빈도가 1,206회에 달해 이전 시기보다 4배 이상 확장되 고 있다. 이러한 키워드의 확장성은 언어 분야 한국학이 학습 단계를 지나 집단적 지식화의 단계에 진입했음을 보여주는 결과라고 할 수 있다.

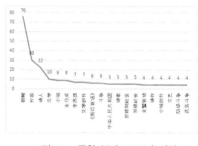

<그림 13> 문학 분야 1992년 이전
상위 키워드 20

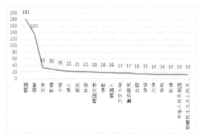

<그림 14> 문학 분야 1992년 이후
상위 키워드 20

문학 분야 1992년 이전 키워드를 살펴보면 朝鮮76, 作家30, 詩人22, 文學10, 小說9, 金日成9, 李齊賢7, 文學創作7, 剪灯新話6, 斗爭6, 中 華人民共和國5, 詩歌5, 封建制社會5, 封建社會5, 金鰲新話4, 詩作4,

小說創作4, 文藝4, 階級斗爭4, 武裝斗爭4회로 나타난다. 북한과의 관계 속에서 사회주의를 찬양하고 반봉건 반외세를 강조하는 작품들이 주류를 이루고 있다. 계급투쟁과 무장투쟁 그리고 봉건제사회 등이 중심 키워드로 활용되고 있어 이런 사실을 확인할 수 있다. 수교 전 40년 동안 상위 키워드 총 출현 빈도가 226회에 불과해 소수의 연구자들에 의해 제한된 범위에서 연구가 진행되고 있었음을 알 수 있다. 개인적인 지식 단계로 아직 집단지식 단계에 이르지 못했음을 의미한다 하겠다.

그러나 1992년 이후 키워드를 살펴보면 韓國181, 朝鮮137, 文學33, 影響30, 小說26, 詩人23, 接受21, 作家21, 韓國文學20, 詩歌19, 韓國人19, 漢文小說17, 魯迅研究17, 比較15, 詩話15, 漢詩14, 許筠14, 杜詩14, 中華人民共和國14, 朝鮮民主主義人民共和國14회로 새로운 키워드도 많이 등장하고 있고, 등장 횟수도 증가하고 있으므로 연구 집단 내 지식의 공유화 내지 집단화가 형성되고 있음을 알 수 있다. 특히 한국 관련 키워드가 많이 등장하고 있어 수교에 따른 한국과의 인적, 물적 교류 확대가 연구의 내용에까지 영향을 미친 것으로 보인다.

아울러 내용적인 면에서도 북한과의 관계성보다는 문학작품 그 자체에 주목하는 단계에 진입했음을 알 수 있다. 상위 키워드 출현 빈도가 총 664회에 이르러 수교 전보다 3배가량 증가하고 있어 단순히 개인적인 연구나 호기심의 단계를 넘어 집단지식의 단계에 진입한 것으로 보인다.

역사철학 분야

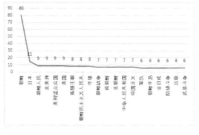
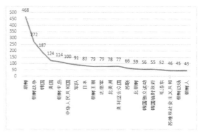

<그림 15> 역사 분야 1992년 이전
상위 키워드 20

<그림 16> 역사 분야 1992년 이후
상위 키워드 20

상기의 <그림 15>는 역사 분야 1992년 이전 키워드 빈도수를 도식화한 것이다. 키워드 출현 빈도수를 살펴보면 朝鮮80, 日本15, 朝鮮人民9, 北美洲9, 美利堅合衆國9, 美國9, 高麗王朝8, 朝鮮民主主義人民共和國8, 平壤8, 朝鮮戰爭7, 南朝鮮7, 北朝鮮7, 中華人民共和國7, 帝國主義7, 軍隊6, 朝鮮半島6, 金日成6, 階級斗爭6, 出版6, 武裝斗爭6 등으로 나타나 한국전쟁과 관련된 논문이 많이 생산된다. 전쟁 당사국인 南朝鮮, 北朝鮮뿐만 아니라 전쟁에 참여한 美國, 中華人民共和國, 美利堅合衆國 등이 등장하고 있고, 전쟁의 성격을 나타내는 帝國主義, 武裝斗爭, 階級斗爭 등이 상위 키워드를 차지하고 있어 수교 전의 역사 관련 분야가 사회주의와 자본주의라는 대립 구도 속에서 현대사에 치중되어 서술되고 있다. 역사 분야 상위 키워드 총 출현 빈도 역시 226회에 불과해 집단화되지 못한 채 연구자들의 개인적인 지식 단계에 머물러 있었음을 알 수 있다.

앞서 살펴본 어문학 분야 키워드가 1992년 수교 후 크게 바뀐 것과 달리 수교 이후 역사 분야 주요 키워드는 한국전쟁이라는 현대사의 주요 사건에서 벗어나지 못하고 있는 실정이다. 주요 키워드의 출현 빈도를 살펴보면 朝鮮468, 朝鮮戰爭272, 韓國187, 美國124, 朝鮮半島114, 中華人民共和國100, 軍隊91, 日本83, 朝鮮王朝79, 志願軍79, 北美洲78, 美利堅合衆國77, 蘇聯66, 北朝鮮59, 韓國獨立運動56, 韓國臨時政府55, 毛澤東52, 蘇維埃社會主義共和國聯盟46, 朝鮮戰場45, 朝鮮人43회에 이른다. 한국과 한국독립운동, 한국임시정부라는 새로운 키워드의 등장에도 불구하고 한국전쟁과 관련된 키워드가 주류를 이루고 있다. 반면, 상위 키워드 총 출현 빈도가 2,174회에 달해 논문의 양적 팽창이 괄목할 만한 성장을 이룬 것으로 보인다. 이러한 결과는 학과 구성원들이 초기 어문학 중심에서 역사와 문화 연구자들로 보강된 결과이다. 아울러 한국학 관련 연구소의 증가도 이런 결과에 일조한다. 한국학 관련 학과와 연구소의 증가, 이에 따른 연구자 충원과 논문량의 증가는 중국대륙의 역사 분야 연구가 개인적인 차원을 넘어 역사학 연구자의 집단적인 지식 단계로 접어들었음을 의미한다 하겠다.

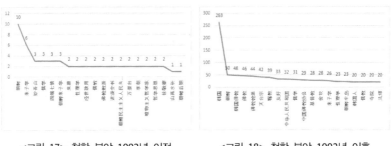

<그림 17> 철학 분야 1992년 이전
상위 키워드 20

<그림 18> 철학 분야 1992년 이후
상위 키워드 20

철학 분야의 수교 이전 상위 키워드 20개 출현 빈도를 살펴보면 朝

鮮10, 朱子學6, 妙香山3, 儒學3, 四端七情3, 朝鮮朱子學3, 朱熹2, 性理學2, 經世致用2, 儒教2, 佛教教派2, 退溪全書2, 朝鮮民主主義人民共和國2, 万景台2, 李朝2, 唯物主義哲學家2, 哲學思想2, 徐敬德2, 山高水長1, 朝鮮后期1로 나타나 한국 성리학에 관심이 많았음을 알 수 있다. 退溪全書, 徐敬德, 經世致用 등은 한국적인 상황에 대한 관심이 투영된 결과로 보인다. 수교 전 상위 키워드의 총 출현 빈도가 54회에 불과해 소수 연구자들에 의해 제한된 범위에서 연구가 진행된 것으로 보인다.

반면, 1992년 수교 이후 키워드를 살펴보면 韓國263, 朝鮮50, 韓國佛教48, 佛教46, 佛教教派44, 天台宗42, 釋教39, 友好33, 中華人民共和國32, 儒學31, 中國佛教協會29, 基督教28, 會議28, 朱子學26, 性理學23, 朝鮮半島23, 韓國人20, 儒教20, 寺院20, 法師20으로 나타나 이전 시기의 유교 일변도에서 불교에 대한 관심으로 연구 영역이 확장되고 있음을 의미한다. 상위 키워드 총 출현 빈도가 865회에 이르러 이전 시기보다 15배 이상 확장되고 있다. 제한된 소수자의 연구에서 연구자의 풀이 확장되었음을 의미한다고 볼 수 있다. 즉, 개인적인 지식 단계를 넘어 집단지식 단계로 발전했음을 나타내 주는 수치라고 할 수 있다.

제3절 보이지 않는 손의 작용

보이지 않는 손이란 '지식 확산에 작용한 제도 부분을 총칭'한다. 오피니언 리더처럼 논문을 직접 작성하지는 않지만 지식이 확산되는 중요한 틀을 제공하기에 이 또한 의미 있는 부분이라 할 수 있다. 여기서 보이지 않는다고 규정한 것은 중요하지 않다는 의미가 아니다. 간접적으로 뒤에서 지식이 확산되는 구조적인 뒷받침을 하기에 보이지 않는 손으로 규정한 것이다.

본고에서는 보이지 않는 손으로 작용하는 요소들 중 주목할 만한 학과 50개와 연구소 68개의 설립에 주목하고자 한다. 이들 기관에 대해 지역별 분포 현황, 설립 시기, 석박사과정 운영 현황, 한국과의 교류 현황 등을 살펴봄으로써 한국학 관련 전체 지형도를 그리는 것이 목적이다. <표 1>은 중국 내 한국학과 연구소의 지역별 현황을 담고 있고, <그림 19>는 중국 내 한국학과와 연구소의 지역별 분포를 도식화한 것이다. 분석해 보면 학과의 경우 북경과 천진을 비롯한 수도권과 조선족들이 많이 모여 살고 있는 동북 3성 그리고 한국과 지리적으로 인접한 산동 지역에 많이 설치되어 있어 이 지역을 중심으로 한국학 관련 인재들을 배양하고 있는 것으로 보인다. 그리고 연구소의 경우도 북경에 13개, 산동에 11개소가 설립되어 있고, 동북 3성 지역에 총 15개소가 설립되어 있어 한국학과가 많이 설립된 지역에 연구소도 많이 설치되어 있음을 알 수 있다.

<표 1> 중국 내 한국(조선)
학과·연구소 지역별 현황

지역	학과	연구소
강소성	4	2
광동성	2	2
북경	6	13
상해	4	5
섬서성	3	4
안휘성	1	0
천진	6	3
절강성	2	5
산동성	6	11
호남성	3	5
호북성	1	1
사천성	0	1
하남성	1	1
하북성	2	0
길림성	4	8
흑룡강성	1	1
요녕성	4	6
합계	50	68

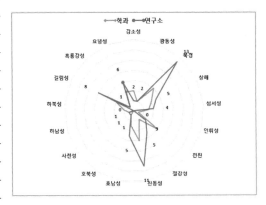

<그림 19> 중국 내 한국(조선)
학과·연구소 지역별 분포도

이들 기관의 설립연도[2)]를 비교 분석해 보면 아래 그림과 같다.

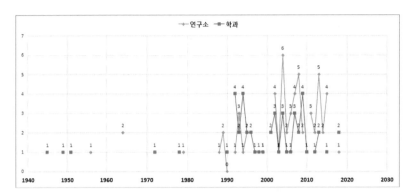

<그림 20> 중국 내 한국(조선) 학과·연구소 설립연도 추이도

한국학 관련 학과의 경우 1940년대 처음 설립된 후 1992년 수교 전까지 6개가 설립되었고, 한중 수교 후 2000년까지 16개 학과가 설립되었으며, 2000년 이후 28개 학과가 설립되었다. 연구소의 경우 학과 설립보다 늦은 1950년대에 신설되기 시작하여 수교 전까지 8개 연구소가 북경과 동북 3성 일대에서 설립되었고, 2000년까지 8개가 추가로 설립되었으며, 2000년 이후 총 44개 연구소가 설립되었다. 한국학 관련 학과뿐만 아니라 연구소도 처음 시작은 북경과 동북 3성을 중심으로 하였으나 점차 지역이 확대되어 북으로는 흑룡강성과 남으로는 광동 일대까지 확대되었다.

---

2) 연구소 중 아래 9개 기관(위해시 문등기사학원 중한문화중심, 산동대학 중일한합작연구중심, 북경외국어대학 한국학연구중심, 대련대학 인문학부역사학원한국학연구원·중조교류중심, 복단대학 중한문화비교연구소, 중국인민대학 한국연구중심, 요녕대학 아세아연구중심, 곡부사범대학 번역학원한국문화연구소, 요녕사회과학원 조선-한국연구중심)의 설립연도를 파악할 수 없어 설립연도 비교분석표에서 제외했다.

한중 수교를 계기로 한국학 관련 학과와 연구소가 지속적으로 설립됨으로써 연구 인력이 보강되었고, 이들이 자신의 관심 분야를 집중적으로 연구하여 연구 성과를 창출함으로써 논문량을 증대시키는 데 기여하였다. 즉, 한국학 관련 학과와 부설 연구소의 설립이 한국학 관련 논문량 증대에 기여했을 뿐만 아니라 한국학의 관심을 증대시켜 연구 집단의 지식으로 확산되는 것에 기여했음을 알 수 있다. 아래에서는 학과와 연구소를 분리하여 설립 시기와 설립 지역 그리고 지식확산 구조에 기여하는 정도를 보다 구체적으로 살펴보도록 하겠다.

1. 학과 설립

중국 내 한국(조선) 관련 학과들의 경우 설립 시기를 살펴보면 먼저 1940년대부터 1990년까지 총 6개 학과가 설립된다. 1945년 북경에 최초로 설립된 이후 1990년까지 북경에 두 개 학과(1951년, 1972년)가 추가로 설립된다. 동북 3성 지역에서는 연변(1949년), 통화(1978년) 그리고 1990년에 대련 지역에 1개 학과가 설립된다. 즉, 초창기 한국학 관련 학과의 경우 수도 북경과 동북 3성을 중심으로 설립되었음을 알 수 있다.

다음으로 한중 수교 이후 2000년까지를 살펴보면 총 16개 학과가 설립된다. 8년 동안 총 16개 학과가 설립되었으니, 1년에 2개 학과가 설립되었음을 의미한다. 이러한 증가는 한중 수교 전에 비해 3배 가까이 증가한 규모로 괄목할 만한 성장이라고 할 수 있다. 설립 지역별 분포를 살펴보면 산동, 상해, 광동 지역으로까지 확장되고 있다. 즉, 한국학 관련 인재 배양이 수도권이나 동북 3성에 그치지 않고 중국 전역으로 확대되고 있음을 의미한다.

2000년대 이후 2017년까지 총 28개 학과가 설립되어 이전 시기보다 더 많은 학과가 설립된다. 지역적으로도 대도시가 아닌 중소도시로까지 확대된다. 이 시기가 되면 중국 대학에서의 한국학 관련 학과의 설립이 마치 붐처럼 확산되고 있음을 알 수 있다.

지금까지 살펴본 총 50개 학과를 시기별로 나눠 보면 한중 수교 전까지 총 6개 학과가 설립되어 12%, 수교 후 2000년까지 총 16개 학과가 설립되어 32%, 2000년 이후 총 28개 학과가 설립되어 가장 많은 56%를 차지한다. 즉, 수교 후 43개 학과가 설립되어 총 88% 비율을 보임으로써 한중 수교가 한국학 관련 학과 설립에 결정적으로 작용했음을 알 수 있다. 한국학 관련 학과의 설립은 이후 부설 연구소의 설립으로 이어져 한국학 관련 논문이 많이 생산되는 계기가 되었으며 그 결과 한국학이 확산되는 동인으로 작용한다.

1945년 최초로 설립된 국립동방어문전문학교 한국어학과의 경우 1942년, 국민정부 산하 교육부에서 동양의 여러 독립 국가와의 교류를 강화해야 한다는 필요성에 따라 설립된 국립동방어문전문학교에 기반을 두고 있다. 초기에는 캠퍼스가 쿤밍에 있었으나 1945년 충칭으로 옮겼고, 이 시기 중국 최초의 한국어학과이자 북경대학교 한국어학부의 전신인 국립동방어문전문학교 한국어학과가 탄생하게 된다. 설립 초기 교육을 한국에서 온 김준엽, 이계열, 마초군 등이 담당했다. 1946년에 동방어문전문학교는 난징으로 이전하여 그해 2월에 학생을 처음으로 모집했다. 후에 북경대학에서 후학들을 양성한 양통방 등이 당시 동방어문전문학교 한국어학과에 입학하였다. 1949년 해방 이후 주은래 총리의 지시로 동방어문전문학교가 북경대학교 동방어문학부로 편입되어 한국어교육 및 연구가 체계화되는 계기를 맞는다. 1992년 8월 24

일 한중 수교를 맺은 후 두 나라 사이에 교류가 확장되면서 북경대학교 한국어학과에도 새로운 발전의 계기를 마련하게 된다. 1992년 교수진이 9명으로 확장되었고, 2009년 3월 '조선(한국)언어문화학부'로 승격됨으로써 한국어, 한국문화, 한국문학 등으로 연구와 교육 분야를 확장시키는 계기가 되었다.

한중 수교 이후 설립된 학과의 설립 시기를 구체적으로 살펴보면 1992년의 경우 한 해에 4개 학과(산동대학교 외국어학원 한어학부, 중국 해양대학교 외국어학원 조선어학부, 연태대학 외국어학원 조선어학부, 청도대학 외국어학원 조선어학부)가 설립되어 가장 많이 설립된 해로 나타났고, 1994년에도 3개 학과[상해외국어대학교 동방어학원 조선(한국)학과, 천진외국어대학교 아세아-아프리카어학원 한어학부, 북경외국어대학 아세아-아프리카학원 조선어학부], 2002년과 2004년에도 3개 학과씩 설립되어 지속적으로 학과들이 팽창하고 있다.

한편 학과들의 명칭을 살펴보면, 초기에는 조선어를 사용하는 명칭들이 많았으나[연변대학 조한문학원(1949), 중앙민족대학 중국소수민족언어 문학학원 조선언어문학학부(1972), 통화사범학원 외국어학원 조선어학부(1978)] 한국과의 교류가 증가하면서 한국어만을 독립적으로 사용[요녕대학 국제관계학원 한국학학부(1993), 북경언어대학 동방언어문화학원 한국어학부(1995), 호남리공학원 외국언어문학학원 한국어학부(2001)]하기도 하고, 병행해서 조선(한국)어 등으로 사용하는 기관이 증가하는 현상을 보인다. 아래 표는 한국학 관련 학과 설립 시기와 학과명을 정리한 것이다.

<표 2> 중국 내 한국(조선) 관련 학과 설립연도와 명칭

설립 연도	학과명
1945	국립동방어문전문학교 한국어학과
1949	연변대학 조한문학원
1951	대외경제무역대학 외국어학원조(한)학부
1972	중앙민족대학 중국소수민족언어문학학원 조선언어문학학부
1978	통화사범학원 외국어학원 조선어학부
1990	대련외국어대학교 한국어학원
1992	산동대학교 외국어학원 한어학부 중국해양대학교 외국어학원 조선어학부 연태대학 외국어학원 조선어학부 청도대학 외국어학원 조선어학부
1993	길림대학 외국어학원조선어학부 요녕대학 국제관계학원 한국학학부
1994	상해외국어대학교 동방어학원 조선(한국)학과 천진외국어대학교 아세아-아프리카어학원 한어학부 북경외국어대학 아세아-아프리카학원 조선어학부
1995	복단대학 외국언어문학학원 한어언어문학학부 북경언어대학 동방언어문화학원 한국어학부
1996	흑룡강대학 동어학원 조선어학부 하북경제무역대학 외국어학원 조선어학부
1997	광동외무외국어대학교 동방언어문화학원 조선(한국)어학부
1998	장춘리공대학 외국어학원 조선어학부
1999	노동대학 외국어학원 조선어학부
2001	양주대학 외국어학원 조선어학부 호남리공학원 외국언어문학학원 한국어학부
2002	남경사범대학 외국어학원 조선어학부 천진사범대학 외국어학원 조선어학부 중남림업과학기술대학 외국어학원 조선어학부
2003	요동학원 조한(조한경제와문화)학원 조선어학부
2004	서안외국어대학 동방언어문화학원 조선어학부 천진외국어대학 빈해외사학원 조선어학부 하북대학 외국어학원 조선어학부
2005	정주경공업학원 외국어학원 조선어학부
2006	남경대학 외국어학원 조선(한국)어학부

설립 연도	학과명
2007	소주대학 외국어학원 조선어학부 회해공학원 외국어학원(국제학원) 조선어학부 상해해양대학 외국어학원 조선어학부
2008	호남사범대학 외국어학원 조선어학부 대련민족대학 외국어학원 조선어학부
2009	화중사범대학 외국어학원조 선(한국)어학부 천진사범대학 진고학원 외국어계조선어학부 중산대학 국제번역학원 조선어학부 천진사범대학 진고학원 외국어계조선어학부
2010	합비학원 외국언어계 조선어교연실
2012	상해상학원 외국어학원 조선어학부
2013	서안번역학원 아세아유럽언어문화학원 동어계조선어학 항주사범대학 외국어학원 조선어학부
2015	서안외사학원 국제합작학원 국제교류중심 조선(한국)어학부
2018	북경제2외국학원 아세아학원 조선어학부 곡부사범학원 번역학원 조선어학부

2. 연구소 설립

연구소의 경우도 1992년 한중 수교 전에는 북경과 동북 3성 지역에 국한되어 8개만 설립되어 있었다. 한국학 관련 학과가 수교 전 6개로 북경과 동북 3성에 각각 3개씩 설립된 것과 달리 연구소는 북경에 2개, 동북 3성에 6개 설립되어 조선족 거주지에 더 많이 설립되었다. 수교 후 학과 설립이 그랬던 것처럼 연구소 설치도 매우 빠르게 증가한다. 수교 후부터 2000년까지 총 8개가 설립되어 매년 1개씩 설립되다시피 했고, 그 지역 또한 상해와 절강, 천진 등으로 확장되었다. 2000년 이후 연구소가 본격적으로 증가하게 되는데 총 44개가 설립된다. 이러한 증가는 학과 설립보다 빠른 규모로 한국과의 교류 증대에 따른 연구 역량 강화뿐만 아니라 한국 학생을 받아들여 수익을 창출하려는 의도가 반영된 결과이다. 이 시기에는 지역적으로 확장되어 중소도시에도 한국학 관련 연구소가 설립된다.

지금까지 살펴본 총 60개 연구소를 시기별로 나눠 보면 수교 전 8개가 설립되어 총 규모 대비 13%에 해당하고, 수교 후 2000년까지 역시 8개가 설립되어 이전 시기와 같이 13%를 이루고 있으며, 2000년 이후 가장 많은 44개가 설립되어 73%가 이 시기에 설립된다. 이러한 규모는 비율에 있어서는 차이가 있지만 한국학 학과 설립과 비슷한 양상을 나타낸다. 학과는 43개 78%가 설립되고, 연구소도 52개 86%가 설립되어 비슷한 현상을 보이기 때문이다. 즉, 한중 수교 후 한국학 관련 학과와 연구소 설립의 급증이 한국학 관련 논문량을 증대시켰고, 그 결과 새로운 연구 분야에 대한 확장으로 이어져 새로운 키워드의 창출로 이어진 것으로 보인다. 한국학 관련 학과와 연구소라는 보이지 않는 손이 작동함으로써 한국학이 개인적인 차원에서 벗어나 집단적인 지식으로 발전하는 동력으로 작용했을 것으로 확신한다. 한국학 관련 학과와 연구소 규모가 팽창한 시기와 한국학 관련 논문량의 증대가 정확히 일치하기 때문이다. 아래 표는 한국학 관련 연구소의 지역별 분포와 분야별 특성을 정리한 것이다.

한국학 관련 기관을 분야별, 지역별로 나누어 살펴보면 어문학의 경우 산동성과 섬서성에 가장 많이 설치되어 있고, 역사·철학의 경우는 길림성과 요녕성에 가장 많이 설치되어 있다. 어문학의 경우 산동성과 섬서성이 지리적으로 인접해 있고 한국 기업이 많이 포진해 있어서 그 필요성에 따라 설립된 것으로 보인다. 역사 분야의 경우 조선족이 많이 거주하고 있고, 고대 한국 역사와 관련성이 높은 동북 3성 지역에 해당 기관이 집중적으로 설치된다.

<표 3> 중국 내 한국(조선) 연구소 지역별 연구 분야 현황

지역\분야	정치 외교	경제 경영	사회 문화	어문 학	역사 철학
북경	9	6	4	3	2
상해	2	1	2	2	2
천진	1	0	0	1	0
흑룡강성	1	1	1	0	0
길림성	5	4	5	2	5
요녕성	4	5	3	2	4
산동성	5	5	7	5	4
섬서성	0	1	1	4	0
사천성	0	1	1	1	0
강소성	1	1	1	2	2
절강성	1	4	4	3	2
하남성	0	0	1	1	1
광동성	1	0	0	0	1
호남성	1	1	3	3	1
호북성	0	0	1	1	0
합계	31	30	34	30	24

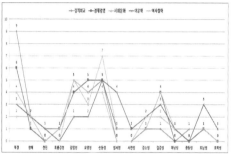

<그림 21> 중국 내 한국(조선) 연구소 지역별 연구 분야 분포도

지역별로 그 분포도를 분석해 보면 산동성에 26개 기관이 설치되어 있어 그 숫자가 가장 많은 것으로 조사되었고, 그 다음으로 북경에 24개 기관, 길림성에 21개 기관 그리고 요녕성에 18개 기관이 설치된다. 전체 규모에서는 산동성이 많은 것으로 나타나지만, 동북 3성이 서로 연계되어 있고 조선족이 많이 거주한다는 점에서 한 권역으로 생각한다면 42개 기관으로 가장 많은 숫자를 보이고 있다.

<표 4> 중국 내 한국(조선) 관련 연구소 설립연도와 명칭

설립 연도	연구소명
1956	중국국제문제연구원 아태(아세아-태평양)연구소
1964	길림대학 동북아연구원 길림성 사회과학원 조선-한국연구소
1979	연변대학 조선-한국연구중심 조선반도 연구협동창신중심
1988	길림성 동북아연구중심
1989	연태대학 외국어학원 동아연구소 흑룡강사회과학원 동북아연구소
1992	복단대학 조선-한국연구중심
1993	북경대학 한국학연구중심 요녕대학 국제관계학원 조선-한국연구중심 절강대학 한국학연구소
1994	상해외국어대학 조선반도문제연구소
1995	북경언어대학 한국어연구중심 중국인민대학 동아연구중심
1999	천진사회과학원 동북아연구소
2002	대련대학 중국동북사연구중심 복단대학 아세아연구중심 대련민족대학 국제언어문화연구중심 한국학연구팀 북경대학 아세아-태평양연구원
2003	외교학원 동아연구중심
2004	절강수인대학 동아연구소 산동대학 동북아연구중심 산동대학 한국학원 중한교류중심 남개대학 아세아연구중심 동북사범대학 동북아연구원 조한연구소 북화대학 동북아연구중심
2005	청도빈해학원 중한통상연구소 서남대학 중한교육교류와연구중심
2006	중국인민대학 상학원 중한기업경영연구 중산대학 한국연구소 천진사범대학 외국어학원 한국문화중심

설립 연도	연구소명
2007	북경외국어대학 세계아세아연구정보중심 절강월수외국어학원 한국문화연구소 양주대학 한국언어문화연구중심 중국해양대학 한국연구중심
2008	길림대학 주해학원 한국연구소 청도대학 외국어학원 중한중심 정주경공업학원 외국어학원 중한문화연구소 청도빈해학원 한국학연구중심 길림성사회과학원 조선반도연구기지
2009	화중사범대학 한국문화연구소 절강해양대학 중국해양문화연구중심
2011	화중과학기술대학 외국어학원 한국어중심 중국사회과학원 아태(아세아/태평양)와전세계전략연구원 위남사범학원 외국어학원 중한문화교류중심
2012	중국정법대학 정치와공공관리학원 조선반도연구중심 요녕대학 동아연구중심
2013	사천사범대학 한국연구중심 남경대학 외국어학원 한국학연구중심 외교학원 중일한합작연구중심 통화사범학원 조선반도경제문화연구중심 호남성한국문화연구와교류중심
2014	서북대학 중한교육중심 대련외국어대학 중일한연구중심
2015	서안외국어대학 인문사회과학연구중심 절강월수대학 외국어학원동아지연(地緣)관계연구중심 상해사회과학원 국제문제연구소 조선반도연구중심 서안번역학원 중한문화교류중심
2018	상담대학 동아연구중심

상기의 표는 중국 내 한국(조선) 관련 연구소를 설립 연도별로 정리한 것이다. 1950년대부터 1980년대까지 길림대학 동북아연구원(1964), 길림성 사회과학원 조선-한국연구소(1964), 연변대학 조선-한국연구중심(1979), 조선반도 연구협동창신(1979), 길림성 동북아연구중심(1988)

등이 설립되었다. 중화인민공화국 설립 초기에 설립된 연구소들이 대부분 동북 3성 지역에 위치하고 있어, 초기 한국학 연구가 동북 지역을 중심으로 행해졌음을 알 수 있다. 1992년 한중 수교 이후 그 지역이 확대되어 복단(복단대학 조선-한국연구중심, 1992), 북경(북경대학 한국학연구중심, 1993), 절강(절강대학 한국학연구소, 1993), 상해(상해외국어대학 조선반도문제연구소, 1994), 천진(천진사회과학원동북아연구소, 1999) 등으로 확산된다. 2000년대 들어서는 중국 성급 행정구역 대부분에 한국학연구소가 설치될 정도로 성황을 이루게 된다.

분야별로 살펴보면 어문학을 중점적으로 연구하는 기관들이 전 시기에 걸쳐 고르게 설립되지만, 특히 한중 수교 이후 1993~1995년 사이에 요녕대학 국제관계학원 조선-한국연구중심(1993), 절강대학 한국학연구소(1993), 상해외국어대학 조선반도문제연구소(1994), 북경언어대학 한국어연구중심(1995) 등이 집중적으로 설립된다.

상해외국어대학 조선반도문제연구소의 경우 1994년 상해외국어대학교 소속으로 상해에서 설립되었다. 그 전신은 조선-한국문제연구소이다. 주로 조선어학부에서 운영하고 있다. 상해, 화동지구에서 조선어전업인재를 배양하는 중요한 기관이다. 2015년 외교부, 교육부의 소속인 한·중·일 합작연구소가 상해외국어대학교에 설립되었다. 주로 조선어학부와 일본문화경제학원에서 공동으로 운영하고 있다. 조선반도문제연구소와 한·중·일 합작연구소의 연구 방향은 조선반도역사, 문화, 현재 상황, 언어, 문학, 사회 등을 연구한다. 연구소의 연구 인원은 8명이다. 그중 교수는 3명, 부교수는 3명, 강사는 2명이다. 그 외에 2명의 한국인 외국어 교사와 1명의 재직 박사가 있다. 교수는 모두 박사학위를 소지하고 있다. 교수 중 7명은 해외 유학 경험을 가지고 있다. 연구소는 현재 북한, 한국, 일본 등 국가의 12개 대학교와 교류협정을 체결하고 교환학생을 서로 파견하고 있다. 매년마다 1-2명의 교사를 한국 혹은 북한에 파견하여 학술연구와 교류를 진행하고 있다.

2004년에 설립된 산동대학 한국학원 중한교류중심도 어문학을 중점적으로 연구하는 기관이다. 2004년 10월 22일 산동성 위해에서 산동대학 위해분교 한국학원 소속으로 한국 경원대학교와 함께 설립하였다. 산동대학의 한국어교육, 한국 문제 연구, 한국 유학생들의 중국어 학습 향상을 위해 설립하였고, 한국정치연구소, 한국경제연구소, 한국문화연구소 등을 산하에 두고 있다. 총 11명의 연구진 중 한국 어문학을 牛林杰 원장과 金哲, 李學堂, 閔英蘭 등이 담당하고 있고, 역사 분야를 劉宝全이 담당하고 있다. 한국의 경원대학교와 협정을 체결하여 공동으로 국제합작과 교류 프로젝트를 진행하고 있다.

2010년대 이후 설립된 연구소 중 어문학을 중점적으로 연구하는 기관으로 위남사범학원 외국어학원 중한문화교류중심을 들 수 있는데, 2011년 10월 섬서성 위남시 위남사범학원 외국어학원 소속으로 설립되었다. 한국어학과 및 한국어과학연구의 발전을 촉진하고, 중한교육, 과학연구 교류합작을 활성화시킬 목적으로 설립하였다. 趙愛莉가 주임을, 崔文婷이 부주임을 맡고 있고 조·한어비교를 崔文婷, 李敏德, 趙愛莉, 郭石磊, 王書明, 楊怡 등이 담당하고 있다. 한국 배재대학, 순천향대학, 동덕여자대학, 대구한의대학, 전남대학 등과 교류 협약을 체결하여 30여 명의 학생들을 한국으로 파견하였고, 한국국제교류재단으로부터 많은 연구 자료를 기증받기도 하였다.

역사·철학 분야를 중점적으로 연구하는 기관의 경우 1960년대 이후부터 1990년대 사이에 집중적으로 설치되는 경향을 보인다. 중화인민공화국 성립 초기 조선족을 대상으로 한 민족언어 교육학과와 연구소들이 설립되었고, 그와 동시에 역사 문제를 연구하는 기관들이 함께 설립된 것으로 보인다. 당시에 설립된 연구소를 살펴보면 길림대학 동북아연구원(1964), 길림성 사회과학원조선-한국연구소(1964), 연변대학 조선-한국연구중심(1979), 길림성 동북아연구중심(1988) 등이 있다.

연변대학 조선-한국연구중심(1979)의 전신은 1979년에 세워진 연변대학 조선문제연구소다. 2001년에 중일조한비교연구소로 이름을 고친 후, 교육부 보통고등학교 인문사회과학연구 중점 기지로 선정되었다. 2007년에 교육부의 비준을 거쳐 연변대학 조선-한국연구중심으로 명칭을 바꾸었다. 이후 연변대학에서 조선반도협동창신중심을 2012년 5월에 설립하였는데, 연변대학을 중심으로 남개대학 국제문제연구원, 중국사회과학원 아세아-태평양전세계전략연구원 등의 연구기관들이 협동하여 설립한 것이다. 2013년 길림성에서 첫 번째로 중요성이 인정되어 협동창신중심으로 선정되었다. 2017년 10월 교육부는 인문사회과학 중점 연구 기지와 연변대학 조선-한국연구중심 그리고 길림성 중대수요 협동창신중심, 연변대학 조선반도연구협동창신중심을 통합하여 사무를 보도록 하였다. 주된 연구 영역은 한반도 역사와 문화 연구, 한반도의 정치, 경제, 한반도의 남북관계, 주변 국가의 조선반도에 대한 정책, 중국의 한반도 전략과 정책 연구, 중국의 '일대일로' 전략과 한반도 연구 등이다. 金瑩이 역사연구소 소장을 맡고 있고, 徐東日이 비교문학연구소를, 그리고 李紅軍이 철학연구소 소장을 맡고 있다. 유학생을 대상으로 세계경제, 국제정치, 조선한국문화 등의 영역에서 석사생을 배양하고 있다. 한국의 한국학중앙연구원, 서울대학교 국제대학원, 서울대학교 평화통일연구원, 극동문제연구소 등의 기구와 학술교류를 진행하고 있다. 정기적으로 두만강학술포럼, 중국한국학국제학술회의, 조선반도 고위층논단 등 학술회의를 개최하고 있다.

2000년대 들어 동북사범대학 동북아연구원 조한연구소(2004)가 설립되는데, 본 연구소는 2004년 길림성 장춘시에서 동북사범대학 동아연구원 소속으로 설립되었다. 연구소의 전신은 동아문명연구소이다. '중국으로부터 한·일을 보고, 동북으로부터 동아시아를 본다'는 목표하에 연구소를 설립하였다. 소속 연구자 7명의 연구 분야를 살펴보면 苗威가 조선고대사를, 동북사와 조선사를 傅佳欣, 耿鐵華, 程妮娜, 費馳, 尚永琪가, 동북사를 曲曉范이 담당하고 있다. 연구소 소속 연구자들이 연구를 활발하게 진행하여『중국사회과학』,『역사연구』,『철학연구』,『역사이론연구』,『중국변경역사와 지리연구』,『신화문헌』등에 많은 논저를 발표하고 있다.

중화권 한국학 거시 지식 지형도 분석

◆ 제3장에서는 중국과 대만의 한국학 문헌을 대상으로 거시 지식 지형도를 살펴보는 데 그 목적이 있다. 제1절부터 제2절까지 어문학과 역사·철학 분야로 나눠 거시 지형도를 살펴보고, 제3절에서는 중국과 대만의 거시 지식 지형도를 비교해 보도록 하겠다.

◆ 어문학 분야에서는 언어와 문학으로 분류하여 논문이 최초 발표된 시기부터 2017년까지의 문헌을 조사 분석하여 전체 모습을 조망해 보고, 역사와 철학 또한 같은 방법으로 살펴보고자 한다. 중화권의 한국학 거시 지식 지형도를 살펴보는 만큼 독자들의 이해를 돕기 위해 그림과 표를 활용하면서 분석을 진행하고자 한다.

제1절 어문학 분야 거시 지식 지형도 분석

1. 언어 분야

아래 그림은 CNKI에서 中國語言文字, 外國語言文字라는 키워드를 활용해 추출한 언어 분야 연도별 분포도이다. 1956년 언어 관련 논문이 최초로 발표된 이후 2017년까지 총 1,427편이 추출되었다.

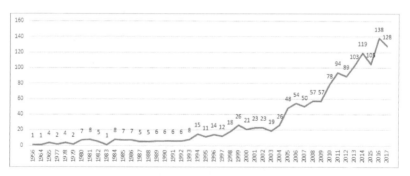

<그림 22> 언어 분야 1956-2017년 연도별 분포도

중국대륙에서 언어 분야 최초 문헌이 1956년 검색되었으며, 2017년까지 총 1,427편의 논문이 생성되었다. 1956년부터 1993년까지는 매년 10편 이내로 발표되다가, 1994년부터 10편을 상회(1994, 15편; 1998, 18편)하게 되고, 2005년 무렵이 되면 수직적으로 상승(2005, 48편; 2008, 57편; 2010, 78편; 2011, 94편)하다가, 2016년 한 해에 138편이 발표되어 최고 정점을 이루게 된다.

1949년 중화인민공화국이 성립되고 소수민족 언어와 문화에 대한 교육과 계승이 허가되면서, 조선어에 대한 연구가 시작되어, 1956년 「朝鮮語詞儿連寫規則」(周剛, 1956: 14-18)이라는 논문이 최초로 발표된다. 그러나 1950년대만 해도 조선어가 조선족 소수민족의 언어로 치부되었고, 그 관심 또한 크지 않았기에, 1년에 10편 이내로 명맥만 유지하고 있는 수준이었다. 1980년대에 이르러 가족초청 방문과 한국 방문이 증가하면서 한국에 대한 관심이 증가하였고, 그 결과 발표 편수가 증가하게 된다. 2000년대 들어 한중관계의 발전과 유학생의 증가 그리고 한국 문화의 세계화를 겪으면서 발표 편수가 더욱 증가하게 된다.

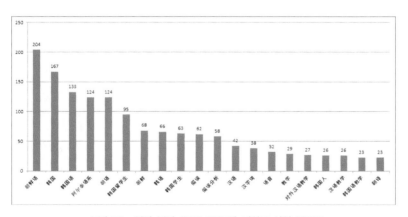

<그림 23> 언어 분야 1956-2017년 키워드 상위 분포도

언어 분야 키워드 분석결과를 살펴보면 '조선어(朝鮮語)' 204개, '한국' 167개, '한국어' 133개, '알타이어계(阿爾泰語系)' 124개, '조어(朝語)' 124개, '한국유학생' 95개, '조선' 68개, '한어(韓語)' 66개 등의 순으로 나타난다. 관련 키워드로 정리해 보면 조선어(朝鮮語)-조어(朝語)-조선이라는 '조선' 관련 부분과 한국-한국어-한국유학생-한국학생이라는 '한국'과 '한국어' 관련 키워드, 편오(偏誤)-편오분석(偏誤分析)-교학-한어교육-한국어교학이라는 '언어교육'과 그 과정에서 생성되는 키워드, 그리고 한국어의 계통과 음운 관련 부분을 다룬 키워드들이 상위에 분포하고 있다.

1956년부터 2017년까지 약 60년간 발표된 키워드 분석을 통해 ① '조선'과 '한국'이 동시에 사용되고 있고, ② '한국어'와 '조선어(朝鮮語)' 또한 병용되고 있으며, ③ '한국유학생'과 '한국학생'을 대상으로 한 언어교육과 그 과정에서 발생하는 오류를 다룬 문헌들이 주류를 이루고 있음을 확인할 수 있다.

<표 5> 언어 분야 1956-2017년 키워드 동시 출현 상위 분포도

동시 출현 키워드1	동시 출현 키워드2	동시 출현 횟수
朝鮮語	朝語	124
朝鮮語	阿爾泰語系	122
朝語	阿爾泰語系	120
韓語	韓國語	50
朝鮮語	語音	16
朝鮮語	漢字詞	16
朝語	語音	16
阿爾泰語系	語音	16
韓國留學生	偏誤分析	16

동시 출현 키워드1	동시 출현 키워드2	동시 출현 횟수
朝鮮語	朝鮮	15
朝語	朝鮮	15
朝語	漢字詞	14
阿爾泰語系	朝鮮	13
阿爾泰語系	漢字詞	13
韓國留學生	偏誤	13
漢字詞	固有詞	12
朝鮮語	固有詞	11
朝鮮語	詞尾	11
朝語	固有詞	11
阿爾泰語系	固有詞	11

키워드 상위 분포 결과는 언어 분야 키워드 동시 출현 횟수를 통해 보다 의미가 명확해진다. 즉, 중국에서의 한글 연구는 '조선어(朝鮮語)'라는 용어를 보편적으로 사용하고 있고, 조선어의 유래에 관심이 있으며, 언어교육 부분을 집중적으로 연구하고 있다는 점이다. 한어(韓語)-한국어 동시 출현 빈도가 50회인 데 비해 조선어-조어(朝語)가 124회로 많이 사용되고 있고, 조선어-알타이어계(阿爾泰語系) 122회, 조어(朝語)-알타이어계 120회, 조선-알타이어계 13회가 함께 출현하고 있으며, 한국유학생-편오분석(偏誤分析) 16회, 한국유학생-편오(偏誤) 13회가 동시 출현하고 있다는 점이 이를 입증하고 있다. 아울러 '조선어' 11회라는 키워드가 '음성(語音)' 16회나 '고유어' 11회, '접미사(詞尾)' 11회 등과 동시 출현한 점에서는 조선어의 문법적인 분석 또한 함께 연구되고 있음을 확인할 수 있다.

이상의 키워드 동시 출현 횟수는 키워드 중심성과 군집 분포도에서 보다 의미 있는 접근을 가능하게 해준다.

<表 6> 언어 분야 1956~2017년 키워드 연결 정도 중심성 상위 분포도

연결 중심성 키워드	Degree Centrality
朝鮮語	0.029851
阿爾泰語系	0.024876
朝語	0.024876
韓國	0.017413
韓國語	0.012438
語素	0.012438
詞素	0.00995
詞尾	0.00995
固有詞	0.00995
漢字詞	0.00995
偏誤	0.007463
韓語	0.007463
實詞	0.007463
語音	0.007463
朝鮮	0.007463
偏誤分析	0.004975
韓國人	0.004975
韓國學生	0.004975
韓國留學生	0.004975
漢字敎育	0.004975

키워드 연결 중심성은 언어 분야 논문들이 어떤 키워드를 중심으로 분포하고 있는지를 보여주는 지표이다. <표 6> 키워드 중심성 분포도를 통해 살펴보면 지금까지 중국대륙에서 연구된 언어 분야 문헌들은 '조선어(朝鮮語)'라는 키워드(0.029851)와 '알타이어계(阿爾泰語系)'(0.024876), '조어(朝語)'(0.024876), '한국'(0.017413), '한국어'(0.012438)라는 키워드를 중심으로 다른 키워드가 분포되고 있음을 알 수 있다. 이러한 결과는 언

어를 '조선어'로 표현하고 있고, 조선어의 계통과 유래를 밝히는 내용이 주류를 이루고 있다는 점을 시사한다. 그리고 '한국', '한국어'와 관련된 부분도 중심성을 유지하고 있으나 '조선어'와 '조선'보다 그 연결성이 떨어지고 있어, 연구의 분량과 응집도에서 낮게 나타나고 있음을 알 수 있다. 이러한 결과는 키워드 간 연결망 분석도를 통해 보다 시각적으로 살펴볼 수 있다.

<표 7> 언어 분야 1956–2017년
키워드 군집 상위 분포도

키워드 군집 분포도	
韓語, 韓國語, 韓國人	300
韓國, 漢字文化圈, 漢字教育	240
韓國, 韓語, 韓國語	133.333
朝鮮語, 朝語, 阿爾泰語系, 漢字詞, 固有詞	99.5
朝鮮語, 朝語, 阿爾泰語系, 詞尾, 詞素	99.5
朝鮮語, 朝語, 阿爾泰語系, 語音	69.391
朝鮮語, 朝語, 阿爾泰語系, 朝鮮	69.391
朝鮮語, 朝語, 阿爾泰語系, 實詞	69.391
朝鮮語, 朝語, 阿爾泰語系, 語素	63.84

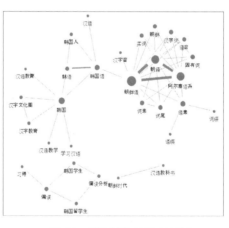

<그림 24> 언어 분야 1956–2017년
키워드 연결망 분석도

<표 7>과 <그림 24>는 키워드가 어떻게 연결되어 있고 그 지식체계

가 어떻게 형성되고 있는지를 도식화해 주고 있는 표와 그림이다. 먼저 중심성에서는 '조선어'가 가장 큰 원을 구성하고 있어, 그 연결성이 가장 강한 것으로 나타나고 있고, 그다음으로 '알타이어계(阿爾泰語系)'와 '조어(朝語)', '한국' 등이 중심성 키워드 역할을 하고 있다. 지식체계에 서는 조선어(朝鮮語)-조어(朝語)-알타이어계가 가장 강하게 나타나 언 어 분야를 주도하고 있고, 조선어-형태소(詞素)-접미사(詞尾), 조어(朝語)-조선-조선어, 알타이어계-접미사(詞尾)-형태소(詞素)도 연결 지식 체계를 형성하고 있는 것으로 나타났다. 한편 한국 또한 한국-한자문 화권-한자교육이라는 지식체계와 한국유학생-한국학생-오류(偏誤)-오 류분석(偏誤分析)이라는 연결성을 유지하고 있음을 알 수 있다.

상기의 키워드 연결망은 언어 분야 문헌들의 주 관심사가 어디에 있 고, 그 연결성과 지식체계의 틀이 어떻게 형성되어 있는지를 파악할 수 있다는 점에서 그 의미가 크다 하겠다.

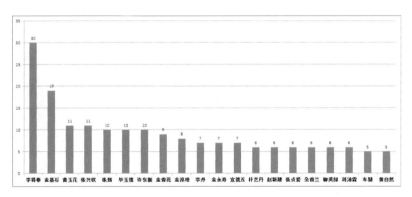

<그림 25> 언어 분야 1956-2017년 저자별 상위 분포도

저자별 상위 분포도는 1956년부터 2017년까지 언어 분야 논문을 많이 발표한 학자별로 정리한 것이다. 李得春이 30편을 발표하여 가장 많은 논문을 작성하였다. 李得春은 연변대학교 소속으로 주된 연구 분야는 외국어문자이고, 주요 연구 성과로는 「老乞大朴通事諺解朝鮮文注音」(李得春, 1992: 85-93)이 있다.

그다음이 金基石으로 총 19편을 발표했다. 金基石은 상해외국어대학동방어학원 소속으로, 박사 지도교수를 맡고 있다. 전국 언어 및 문자 표준화기술위원회 위원임과 동시에 언어 및 문법편찬위원회 위원이다. 현재 김기석은 전국비공용어연구이사회, 전국한국어연구이사회에서 활동 중이며, 『중국어학습』 잡지 편집장을 역임했다. 주요 연구 성과로는 「明淸時期朝鮮韻書中的見曉精組字」(金基石, 1998: 68-72)가 있다.

그리고 黃玉花와 張興權이 각각 11편을 발표했으며, 張輝가 10편을 발표하였다. 장휘는 북경대학 교수(비교문학 박사)로 1952년 북경대학 중문과를 졸업한 후, 북경대학에서 현대문학과 비교문학 교수로 활동하면서 박사 지도교수, 상해외국어대학 고문교수, 동북사범대, 천진사범대, 마카오대학, 남경대학, 남경사범대, 북경어언대 겸임교수로 활동했다. 주요 연구 성과로는 「古朝鮮漢語敎科書 '老乞大' 口語會話課本文体來源探析」(張輝, 2014: 106-108)이 있다.

그리고 그 뒤를 이어 金香花가 9편, 李丹이 8편을 발표했고, 金永壽, 宣德五가 7편씩, 朴藝丹, 張貞愛, 全香蘭 등이 6편씩, 車慧, 黃自然이 5편씩을 발표했다. 언어 분야 총 1,427편 중 상기 20명이 185편을 발표해 절대 편수에서 큰 의미가 있다고 할 수는 없지만, 언어 분야 논문을 많이 생산하고 있다는 점에서 주목해야 할 연구자들이라 할 수 있다. 특히 이득춘과 김기석은 30편과 19편을 지속적으로 발표하고 있어서 언어 분야를 대표하는 오피니언 리더들이라 할 수 있다.

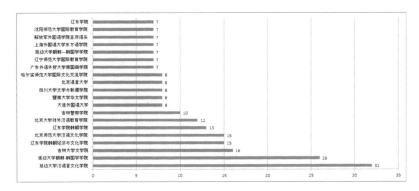

<그림 26> 언어 분야 1956-2017년 소속기관별 상위 분포도

소속기관별 상위 분포도는 언어 분야 논문을 주로 발표한 연구자의 재직기관을 나타내고 있다. 언어 분야 논문을 많이 생산하는 연구자가 소속되어 있는 기관에, 해당 연구소나 학과가 있거나, 해당 분야를 연구하는 중심 기관이 함께할 가능성이 있어서 이 또한 의미 있는 접근이라고 할 수 있다.

延邊大學 漢語言文化學院의 경우 소속자가 32차례로 가장 많이 분포하고 있어 언어 분야를 대표하는 기관이라고 할 수 있다. 延邊大學 漢語言文化學院은 2000년 4월에 설립되었다. 본 기관은 중국어와 한국어 그리고 두 나라의 문화 특성을 갖춘 인재 양성과 연구 거점을 형성할 목적으로 설립되었다. 본 기관의 연혁을 살펴보면 1949년에 중국어 교연실을 창설했고 1955년에는 한어전공을 설립했으며, 2000년에 延邊大學 漢語言文化學院으로 변경하였다. 延邊大學 漢語言文化學院은 2개의 학부 전공과 석박사과정을 운영하며, 외국 유학생 및 해외 중국인

을 위한 교육에 중점을 두고 있다. 또한 2006년부터 한국 충북대학교와 함께 공자아카데미학원을 운영하고 있다.

그다음으로 延邊大學 朝鮮-韓國學學院을 들 수 있는데 논문 투고자로 25번 출현한다. 본 기관은 2005년에 설립되었다. 이 기관은 범국가적인 전문가를 양성하는 조선어(한국어)문학연구 기지를 설립하는 것이 주목표이다. 延邊大學 朝鮮-韓國學學院은 1949년 연변대학교 설립시 조선어문학과로 설립되었다가, 1972년 조선어과로 개명하였고, 현재 조선어-한국어학원으로 개편되었다. 본 기관 산하에는 조선문학과, 조선어학과, 신문방송학과, 언어연구소, 조선문학연구소, 비교문학연구소, 민족문화교육원 등이 설치되어 있다.

그리고 吉林大學 文學院 재직자가 16명으로 그다음에 자리하고 있다. 본 기관은 1952년에 설립되었다. 학술 교류 및 학문 발전을 장려할 목적으로 설립되었다. 1952년에 중국어학과와 역사학과를 설립하였고, 2001년 5월에 역사학, 고고학과 박물관학, 국제교류학 그리고 고서연구소와 다른 4개 캠퍼스의 중국어교육 연구원을 합병해서 그 규모를 확대하였다. 吉林大學 文學院 소속 구성원들이 1996년 이래 국가급 프로젝트를 27번, 교육부 기획 프로젝트 12번, 성급 47번, 기타 프로젝트를 148번 수행했다. 문학원 소속 교원들이 현재까지 발표한 학술논문은 2,350편에 이르고 있고, 출판한 학술지도 148권에 달한다. 본 기관은 대외교류를 통해 한국, 일본, 미국, 러시아, 캐나다, 뉴질랜드 등지에 있는 유명한 대학과 학술교류 및 연구자 교환을 정기적으로 진행하고 있다. 학원 안에는 전문적으로 대외한어교육을 하는 중국어학원이 있고, 매년 50개 국가 이상 지역에서 유학생 수백 명이 본 프로그램에 참여하고 있다. 또한 교원들을 국외로 파견해 강의, 추가 교육을 진행하고 있다. 산하에 중국어학과, 중국역사학과, 세계역사학, 고고학, 신문방송학, 교육학 그리고 연극영상학과가 설립되어 있다. 역사학과와 중국어학과에서는 박사학위 과정을 운영하고 있고, 역사학과에서는 박사 후 과정까지 운영하고 있다. 吉林大學 文學院에는 219명의 전임 교수가 있는데 그중 74명(60명은 박사과정 지도교수)이 교수이고, 52명은 부교수이다. 문학원에는 박사학위 수여 과정이 14개, 석사학위 18개, 본과학위 9개, 국가중요학과 1개, 성급 4개의 프로그램을 운영하고 있다.

상기 기관들이 모두 동북 3성에 위치하고 있어 언어 분야 연구가 조선족 거주지 연변을 중심으로 활성화되고 있음을 알 수 있다. 그리고 동북 3성 지역 밖에 있으면서 상위 기관에 포함된 연구기관의 경우(北京大學 對外漢語敎育學院, 北京大學 對外漢語敎育學院) 그 지역을 대표하는 언어연구기관이란 점에서 주목해야 할 기관이라고 할 수 있다.

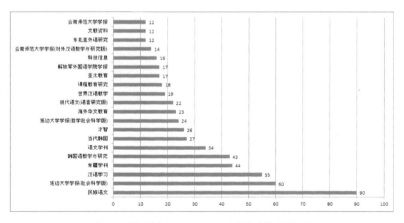

<그림 27> 언어 분야 1956-2017년 학술지별 상위 분포도

학술지별 분포도는 언어 분야 논문을 가장 많이 게재한 학술지를 분석한 것이다. 본 분포도에 나타난 학술지의 경우 언어 전문 학술지거나 종합학술지라도 언어 관련 논문을 꾸준히 수록했다는 점에서 중국대륙 한국어 연구를 대표하는 의미 있는 학술지들이라고 할 수 있다.

『民族語文』은 언어 분야 90편의 논문을 수록하여 가장 많이 게재한 학술지가 되었고, 『延邊大學學報(社會科學版)』가 그 뒤를 이어 60편을 게재하였으며 『漢語學習』이 55편의 논문을 수록하였다. 그리고 『韓國語教學与研究』(43편), 『語文學刊』(34편), 『当代韓國』(27편), 『才智』(26편), 『延邊大學學報(哲學社會科學版)』(24편) 등이 많은 논문을 게재하였다.

상기 20개 학술지에 575편이 수록되어 전체 1,447편 중 39.7%를 차지했다. 특히 주목할 만한 학술지로 『연변대학학보』를 들 수 있는데, 사회과학판과 철학사회과학판을 합쳐 총 84편을 게재함으로써 언어 분야를 대표하는 학술지라고 할 수 있다.

2. 문학 분야

아래 그림은 중국대륙에서 발표된 한국문학 관련 논문들 중 '中國文學', '世界文學'이라는 키워드를 활용해 도식화한 것이다. 문학 분야 논문의 경우 1952–2017년까지 총 1,386편이 검색되었다. 세부적으로 살펴보면 1992년 이전 103편이 발표되었고, 1992년 이후 1,283편이 발표되어 한중 수교 이후 그 발표량이 급격하게 증가하였음을 알 수 있다.

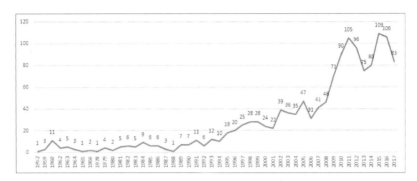

<그림 28> 문학 분야 1952-2017년 연도별 분포도

문학 분야 논문이 최초로 발표된 시기는 1952년으로 언어 분야 (1956년)와 비슷한 시기에 발표되었다. 이러한 결과는 조선어문학 관련 연구가 중화인민공화국 설립 이후 바로 시작되었고, 한국학의 연구가 어문학 중심으로 출발했음을 의미한다. 그리고 이러한 결과는 초기에 설립된 학과들이 조선어와 문학을 가르치는 학과 위주로 설립되었

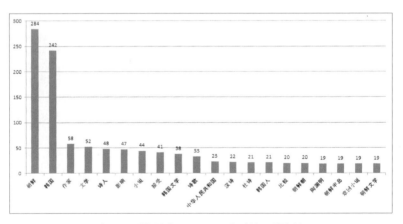

<그림 29> 문학 분야 1952-2017년 키워드 상위 분포도

고, 교수자들의 전공 또한 어문학 위주였음을 방증한다고 볼 수 있다. 문학 관련 논문들의 주 관심 분야는 아래 키워드 분석을 통해 보다 상세하게 밝히도록 하겠다.

문학 분야 상위 키워드 20개를 통해 빈도분석을 진행해 보면 '조선'이 284회로 가장 많은 빈도수를 보이고 있고, 그다음으로 '한국'이 242회, '작가' 58회, '문학' 52회, '시인' 48회, '소설' 41회, '한국문학' 38회를 나타내고 있다. 키워드 빈도분석을 통해 살펴보면 '조선'이란 키워드(284회)가 '한국'(242회)이란 키워드보다 빈도수가 높게 나타나 언어 분야와 동일한 양상을 띠고 있는 것으로 조사되었다. 즉, '조선어(朝鮮語)'와 '조선문학'이란 용어가 중국대륙에서 보다 폭넓게 인식된 결과가 투영되었음을 알 수 있다. 아울러 문학작품을 저술한 작가에 대한 관심 또한 높아 작가 빈도수가 높은 결과로 나타나고 있고, 문학의 다양한 장르 중에서도 '시'와 '소설' 등에 관심이 높은 것으로 조사되었다. 그리고 중국 문학작품과의 관련성도 나타나고 있으며 한국과의 연계성도 꾸준하게 연구되고 있음을 알 수 있다.

상기의 키워드 분석 결과는 키워드 간 연결망을 통해 보다 구체적으로 의미를 도출해 낼 수 있다. 단독 키워드의 의미를 분명하게 할 뿐 아니라, 관심 분야와 연구 경향을 보다 구체적으로 파악할 수 있는 장점이 있다.

<표 8> 문학 분야 1952~2017년 키워드 동시 출현 상위 분포도

동시 출현 키워드1	동시 출현 키워드2	동시 출현 횟수
朝鮮	詩人	30
作家	朝鮮	25
文學	韓國	20
朝鮮	平壤	19
小說	韓國	18
作家	韓國	17
朝鮮	朝鮮民主主義人民共和國	15
朝鮮	小說	15
文學	朝鮮	14
朝鮮	文學創作	14
朝鮮	詩歌	14
民族	權利主体	14
平壤	朝鮮民主主義人民共和國	14
志願軍	軍隊	14
韓國	魯迅研究	14
朝鮮	金日成	13
作家	小說	11
朝鮮	志願軍	11
朝鮮	軍隊	11
朝鮮	接受	11

'조선'이란 키워드가 단독으로 총 284회 출현했지만 '조선'과 '시인', '조선'과 '소설' 등으로 동시 출현할 때는 횟수가 30회와 15회로 줄어들었다. 이러한 현상은 독립 키워드를 살펴볼 때보다 동시 출현 키워드로 분석할 때 보다 그 의미가 선명하게 드러남을 의미한다. 그리고 '조선'이라는 키워드가 '시인'이나 '소설' 그리고 '문학' 등과 동시 출현할 때와 달리 '조선민주주의공화국'이나 '평양', '김일성' 등과 함께 사용될 때는 '북조선'을 포함하는 의미로 사용되고 있음을 알 수 있다. 이렇듯 키워드 동시 출현은 앞에서 살펴본 단독 키워드의 의미를 분명하게 할 뿐

만 아니라 관심 분야와 연구 경향을 보다 구체적으로 파악할 수 있는 장점이 있다.

문학 분야 동시 출현 키워드를 통해 조선의 의미가 중국대륙 내 조선족뿐만 아니라 북조선을 의미하기도 하고, 한국전쟁 즉, 조선전쟁을 배경으로 한 문학작품이 많이 생성되고 있으며(조선-지원군 11회, 조선-군대 11회, 조선-지원 11회) 한국문학과 관련된 부분(한국-문학 20회, 한국-소설 18회, 한국-작가 17회, 한국-노신연구 14회)도 새롭게 연구되고 있는 것으로 조사되었다.

<표 9> 문학 분야 1952-2017년 키워드 연결 정도 중심성 상위 분포도

연결 중심성 키워드	Degree Centrality
朝鮮	0.05665
韓國	0.024631
作家	0.009852
章回小說	0.007389
文學創作	0.007389
小說	0.007389
朝鮮民主主義人民共和國	0.007389
平壤	0.007389
金日成	0.007389
文學	0.007389
接受	0.004926
唐詩	0.004926
杜詩	0.004926
≪三國演義≫	0.004926
詩歌創作	0.004926
軍隊	0.004926
志愿軍	0.004926
權利主体	0.004926
民族	0.004926
史料	0.002463

문학 분야 키워드 간 연결 중심성은 기존에 발표된 논문들의 키워드가 어떤 키워드를 중심으로 형성되고 있는지를 나타내 준다. <표 9>를 통해 살펴보면 '조선'(0.05665)이란 키워드의 중심성이 가장 강한 것으로 나타났고, 그 뒤를 '한국'(0.024631), '작가'(0.009852), '章回小說'(0.007389), '문학창작'(0.007389) 등의 키워드가 구심점을 형성하고 있다. 아울러 '조선민주주의인민공화국'과 '평양', '김일성', '군대', '지원군' 등도 그 정도는 약하지만 연결 정도 중심성의 상위에 분포하고 있어 키워드에 담겨 있는 의미와 논문의 성격 그리고 지속체계를 파악하는 것에 효과적이라고 할 수 있다. 상기의 표에서는 <표 8> 동시 출현 분포도에서 막연하게 나타났던 중국 문학작품과의 연결성 정도가 '唐詩'(0.004926), '杜詩'(0.004926), '三國演義'(0.004926) 등의 키워드로 구체적으로 드러나 그 구체성을 더해 준다는 점에서 의미가 있는 접근이라고 할 수 있다.

<표 10> 문학 분야 1952-2017년
키워드 군집 상위 분포도

키워드 군집 분포도	
朝鮮, 金日成, 平壤, 朝鮮民主主義人民共和國	80.6
朝鮮, 民族, 權利主体	57.714
朝鮮, 志願軍, 軍隊	57.714
朝鮮, 杜詩, 唐詩	57.714
朝鮮, 韓國, 作家, 小說	57.571
朝鮮, 韓國, 作家, 文學	57.571
朝鮮, 文學創作, 詩歌創作	55.091
朝鮮, 《三國演義》, 章回小說	55.091
朝鮮, 韓國, 章回小說	40.4

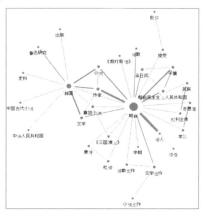

<그림 30> 문학 분야 1952-2017년
키워드 연결망 분석도

<표 10> 키워드 군집 분포도는 논문 속에 담긴 키워드들이 어떻게 군집화되어 있는지를 도표화한 것이고, <그림 30> 키워드 연결망은 키워드들 간에 어떻게 연결되고 있는지를 시각적으로 보여주고 있다. 살펴보면 원이 가장 크고 중심에 위치한 '조선'이란 키워드와 '한국'이라는 키워드의 중심성이 높은 것을 알 수 있고, '조선'이란 키워드는 김일성-평양-조선민주주의인민공화국, 조선-민족-권리주체, 조선-지원군-군대 등으로 연결망을 형성하고 있고, 조선-당시-杜詩도 하나의 지식체계를 형성하고 있음을 알 수 있다. 한편 중심성이 높은 '조선'이나 '한국'이란 키워드도 상호 연결성을 유지하고 있는데, 조선-한국-작가-소설, 조선-한국-작가-문학, 조선-한국-章回小說 등으로 나타나 '조선'이나 '한국'이란 키워드가 분리된 이질적인 요소가 아니라 때로는 병행적으로 사용되는 지식체계를 형성하고 있음을 알 수 있다. 즉, 키워드 분석과 동시 출현 정도, 연결 중심성에서 드러나지 않았던 지식체계가 키워드 군집 분포도와 연결망 도식화를 통해 보다 선명해진다는 점에서 큰 의미가 있다.

본 군집 분포도와 키워드 연결성을 통해 볼 때 중국대륙에서 발표된 문학 분야는 북조선과 한국전쟁 등과 연관된 문학작품, 중국의 뛰어난 작가의 서적을 다루는 작품, 한국문학계의 동향과 작품을 연구하는 것 등으로 지식체계가 형성되고 있음을 알 수 있다.

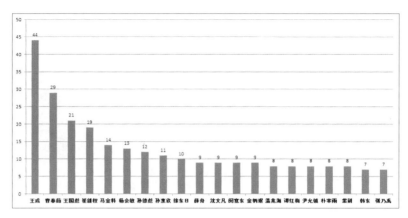

<그림 31> 문학 분야 1952-2017년 저자별 상위 분포도

<그림 31>은 문학 분야 논문을 많이 발표한 상위 20명을 대상으로 분석한 결과이다. 20명 모두 7편 이상의 문학 논문을 발표하였다.

王成은 총 44편을 발표해 논문량에서 가장 다작을 생산한 것으로 밝혀졌다. 黑龍江大學 文學院 소속인 왕성의 주요 성과로는「朝鮮詩家李瀷論杜詩」(王成, 2016: 52-56);「韓國文人李奎報硏究在中國」(王成, 2017: 47-56) 등이 있다.

그다음으로 曹春茹가 29편을 작성하였다. 조춘여(문학박사)는 곡부사범대학 문학원 교수로 비교문학과 세계문학을 담당하고 있고, 중앙민족대학 조선어-한국어연구소와 연변대학 동방시화연구소 초빙연구원으로도 활동하고 있다. 그의 최근 연구 성과로「朝鮮詩家論 '皇華集'」(曹春茹, 2015: 104-108)과「朝鮮詩人對歐陽修 '非詩能窮人'和 '窮而后工'」(曹春茹, 2016: 120-126) 등이 있다.

아울러 王國彪가 21편을 발표했다. 王國彪는 中央民族大學 中國少數民族語言文學學院 博士生을 거쳐 동 기관에 재직하다가 曲阜師范

大學 文學院으로 자리를 옮겨 활동하고 있다. 그의 최근 업적으로는 「朝鮮詩家對淸初明遺民詩的接受与評論」(王國彪, 2014: 57-63)과 「朝鮮 '燕行彔'中的 '華夷'之辨」(王國彪, 2017: 33-49) 등이 있다.

상위 3인이 모두 94편의 논문을 발표하여 문학 분야를 대표하는 연구자들이라고 할 수 있다. 이러한 성과는 상위 20명의 연구자가 발표한 259편이 전체에서 36%를 차지하는 결과로 매우 두드러진 연구 성과이다.

그리고 10편 이상을 생산한 연구자로 崔雄權(19편), 馬金科(14편), 楊會敏(13편), 孫德彪(12편), 孫惠欣(11편), 徐東日(10편) 등이 있다. 총 9명이 10편 이상 문학 관련 논문을 꾸준하게 생산했다는 점에서 논문량에 있어서 의미 있는 연구자 그룹을 형성하고 있다. 그다음으로 9편을 생산한 4명의 연구자(薛舟, 沈文凡, 閔寬東, 金柄珉)가 있고 8편을 생산한 연구자(溫兆海, 譚紅梅, 尹允鎭, 朴宰雨)와 7편을 저술한 2명(韓東, 張乃禹)의 연구자가 있다.

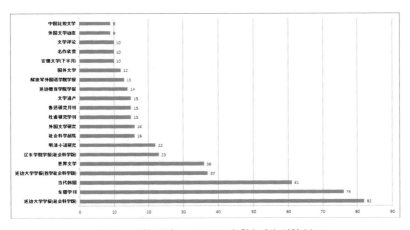

<그림 32> 문학 분야 1952-2017년 학술지별 상위 분포도

상기에서 언급한 20명의 연구자들은 문학 분야 논문을 다작했을 뿐만 아니라 지속적으로 연구 성과를 도출하고 있다는 점에서 주목해야 할 오피니언 리더라고 할 수 있다.

상기 그림은 문학 분야 논문을 가장 많이 게재한 학술지 20곳을 분석한 것이다. 가장 많은 논문을 수록하고 있는 학술지는 『延邊大學學報(社會科學版)』로 총 82편의 논문을 게재하여 문학 분야를 대표하는 학술지라 할 수 있다. 그리고 『東疆學刊』이 76편, 『当代韓國』이 61편을 수록했다. 다음으로 『延邊大學學報(哲學社會科學版)』가 37편, 『世界文學』이 36편 등을 게재하고 있다.

상위에 랭크된 문학 분야 학술지의 특징을 살펴보면 ① 대학기관 소속 학술지가 두각을 나타내고 있고(『延邊大學學報』 119편, 『延邊教育學院學報』 14편, 『解放軍外國語學院學報』 13편), ② 특정 작가와 작품을 표방한 전문학술지(『杜甫研究學刊』 15편, 『魯迅研究月刊』 15편)도 있으며, ③ 시대를 한정(『当代韓國』 61편, 『明淸小說研究』 22편)하거나, ④ 국외 문학작품(『國外文學』 12편, 『外國文學動態』 9편)으로 제한하는 경우가 주류를 이루고 있다.

<그림 33>은 문학 분야 관련 논문을 많이 생산한 연구자들의 소속기관을 분석한 것이다. 상위 20개 기관 소속자들이 문학 분야 논문을 많이 생산하고 있다는 점에서 볼 때 문학 분야 중심연구기관들이라고 할 수 있다. 가장 많은 연구자가 재직하고 있는 기관으로는 延邊大學 漢語言文化學院을 들 수 있는데 총 32번 출현하고 있다.

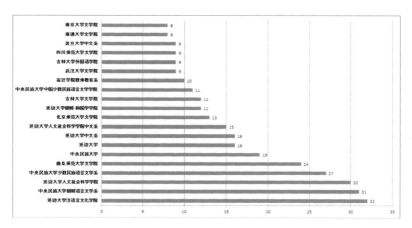

<그림 33> 문학 분야 1952-2017년 기관별 상위 분포도

다음으로 中央民族大學 朝鮮語言文學系가 31회 출현하고 있다. 중
앙민족대학 조선어과는 1972년 중앙민족학원 조선어문학전공으로 만
들어졌다가, 20년 후인 1992년 1월에 조선어문학과로 승격되었다. 향후
세계 한중언어비교와 번역이론학교육과 연구소센터, 중국 조선민족 문
학비교이론교육과 연구센터, 조선-한국 문학비교교육과 연구센터, 한·
중·일 문화비교이론교육과 연구센터 설립을 목표로 하고 있다. 조선
어과에는 현재 교육 부문 외에도 조선어-한국어연구센터가 있고, 연구
원은 30명 이상이 근무하고 있다. 주로 언어, 문학, 철학, 종교, 민족,
교육, 예술 등 6개의 분야에서 광범위하게 연구를 진행 중이다. 학과에
는 교수 5명, 부교수 2명, 강사 3명, 행정위원 3명이 재직 중이며 한국
초빙강사 5명과 몇 명의 단기 방문 고문이 있다.

아울러 延邊大學 人文社會科學學院이 30회 출현하여 문학 분야를
대표하는 기관들 중 하나라고 할 수 있다. 연변대학 인문사회과학학원
은 2005년 4월에 설립되었고, 산하에 국제정치, 역사학, 사회학, 사상

정치교육, 행정관리 등 5개 본과로 구성되어 있다. 2개의 박사 후 과정과, 11개의 석사학위 과정이 있다. '해박한 지식을 기초로, 인문을 중시하는 도덕'이라는 모토로 인재 배양에 노력하고 있으며, 전문적인 지식을 갖춘 창의적인 인재 배양을 목표로 하고 있다. 본 기관은 현재 전임 교수 67명에 학생 1,139명으로 구성되어 있다. 그중에는 54명이 박사생이고, 274명의 석사생이 있으며, 본과생이 811명이다. 또한 연변대학 인문사회과학학원에는 한반도연구소, 민족연구소, 동북아국제정치연구소, 동방철학연구소, 길림성계획반 특색문화연구기지 등이 있다. 본 기관은 중국 국내 조선·한국·일본의 철학, 사상, 문화연구의 핵심기관으로 조선, 한국, 일본, 대만 소재 10개 이상의 학교, 연구기관과 교류 관계를 유지하고 있다.

다음으로 中央民族大學 少數民族語言文學系(27회)를 들 수 있다. 중앙민족대학 소수민족언어문학과는 중국 유일의 전국 소수민족언어에 대한 종합 연구기관이다. 이 학과는 1952년 중앙민족학원 설립 시 '언어과'로 설립되었다가, 이후 '민족언어과'로 변경하였고, 1995년 중국소수민족언어문학학원이 창립된 후, 세 개 민족어를 기초로 '언어학과', '민족문학과'를 추가로 설립했다. 그리고 2000년에 들어서, '언어학과'와 '민족문학과'를 합병해서 '소수민족언어문학과'로 통합하였다. 본 과는 세계 일류학과를 목표로, 소수민족 언어 지식이 해박한 인재를 배양하는 것에 목표를 두고 있다.

상기 분석 결과를 통해 볼 때 延邊大學(132회)과 中央民族大學(88회)이 문학 분야 논문을 가장 많이 생산하는 대표적인 기관이라고 할 수 있다. 아울러 길림대학 소속이 20회, 曲阜師范大學 文學院 출신이 24회, 北京師范大學 文學院 소속이 15회 출현해 문학 분야 상위 기관을 형성하고 있고, 武漢大學 文學院과 吉林大學 外國語學院, 夏旦大學 中文系 소속자들이 9번씩 출현하고 있다.

상기의 결과를 통해 볼 때 문학 분야 상위 소속 기관들이 지역적으로는 동북 3성을 중심으로 다양하게 분포되어 있고, 조선족 학생들을 오랫동안 배양해 온 중앙민족대학 소속자들이 많은 성과를 내고 있는 것으로 조사되었다.

제2절 역사철학 분야 거시 지식 지형도 분석

1. 역사 분야

아래 그림은 CNKI에서 歷史理論, 世界歷史, 中國通史, 中國民族与地方志, 中國古代史, 中國近現代史라는 키워드를 활용해 추출한 역사 분야 연도별 분포도이다. 1932년 역사 관련 논문이 최초로 발표된 이후 2017년까지 총 2,091편이 추출되었다.

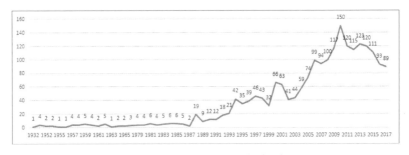

<그림 34> 역사 분야 1932-2017년 연도별 분포도

역사 분야 논문 발표 경향을 살펴보면, 1932년부터 1986년까지 완만한 흐름을 유지하다가, 1988년 들어 19편으로 증가하게 되고, 1990년 들어 논문 발표량이 지속적으로 상승하는 것을 확인할 수 있다. 이러한 경향은 발표 총량에서도 확인할 수 있는데, 1986년까지 총 85편에 불과했지만, 이후 2,006편으로 급격하게 증가하게 된다. 논문 총량을 대상으로 한 분석에서 논문 편수가 급격하게 늘어나는 첫 번째 시기로 1988년 올림픽 개최기를 들 수 있는데, 이전까지 매년 1-2편 많아야 5편을 넘지 않다가 88년에 이르러 19편으로 껑충 뛰게 되는데, 이는 86아시안게임과 88올림픽을 거치면서 한국에 대한 관심이 급격하게 증가한 결과라고 생각된다. 그리고 2001년과 2002년 사이 다시 발표량이 급증하는데, 이는 동북공정이라는 프로젝트가 양국 역사학계에 영향을 미친 것으로 생각된다.

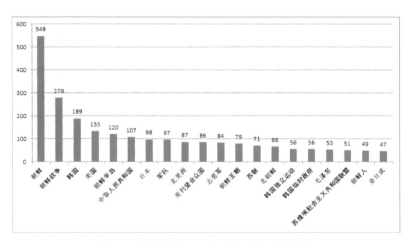

<그림 35> 역사 분야 1932-2017년 키워드 상위 분포도

역사 분야 상위 20개 키워드를 통해 살펴보면 '조선'이란 키워드가 548회로 가장 빈도수가 높고, 그다음으로 '조선전쟁' 279회, '한국' 189회, '미국' 133회, '조선반도' 120회, '중화인민공화국'이 107회로 나타난다. 즉, 100회 이상 빈도수를 보이는 키워드에서 4개의 국가명(조선, 한국, 미국, 중화인민공화국)이 출현하고, 그 외 '조선반도'와 '조선전쟁'이 등장한다. 그렇다면 100회 이상 출현하는 상위 키워드에는 어떤 역사적인 의미가 담겨 있는 것일까? 100회 이하 출현하는 키워드와의 관련성을 통해 그 실마리를 찾을 수 있다. '군대'(97회), '지원군'(84회), '소련'(71회), '북조선'(68회)이라는 키워드를 조선전쟁과 연결시키면 1950년에 발발한 한국전쟁과 관련이 있고, 이를 지휘한 인물들로 '毛澤東'(53회), '金日成'(47회)이 등장하고 있기 때문이다.

중국대륙에서 82년간에 걸쳐 발표된 2,091편의 역사 관련 키워드 분석을 통해 한국전쟁이 가장 중심 연구 대상이자 관심 분야였음을 알 수 있다. 보다 구체적인 의미와 논문의 내용에 대해서는 동시 출현 키워드를 통해 보다 구체화할 수 있다.

<표 11> 역사 분야 1932-2017년 키워드 동시 출현 상위 분포도

동시 출현 키워드1	동시 출현 키워드2	동시 출현 횟수
美國	美利堅合衆國	86
美國	北美洲	86
美利堅合衆國	北美洲	86
志願軍	軍隊	80
美國	朝鮮戰爭	77
蘇聯	蘇維埃社會主義共和國聯盟	51
朝鮮	日本	50
北美洲	朝鮮戰爭	48

동시 출현 키워드1	동시 출현 키워드2	동시 출현 횟수
美利堅合衆國	朝鮮戰爭	47
朝鮮	中華人民共和國	44
蘇聯	朝鮮戰爭	43
朝鮮	軍隊	40
朝鮮	平壤	39
北朝鮮	朝鮮戰爭	37
朝鮮戰爭	軍隊	37
朝鮮	志願軍	35
朝鮮戰爭	麥克阿瑟	34
朝鮮戰爭	志願軍	31
蘇維埃社會主義共和國聯盟	朝鮮戰爭	29
朝鮮戰爭	斯大林	29

'조선'이란 키워드가 역사 분야에서 단독으로 출현할 때는 총 548회로 가장 상위 빈도수를 나타내고 있지만, 동시 출현에서는 상위에 분포하지 못할 뿐만 아니라 조선-군대로 40회, 조선-평양 39회, 조선-지원군 35회로 축소되고 있다. 그리고 키워드 동시 출현 경향을 살펴보면 '조선'이란 키워드는 군대-평양-지원군-조선전쟁과 연결성을 유지하면서 활용되고 있어, 이런 경향은 상위에 분포하는 동시 출현 키워드를 통해 보다 명확해진다. 미국-美利堅合衆國(86회), 미국-북미주(86회), 美利堅合衆國-북미주(86회), 미국-조선전쟁(77회) 등 상위 동시 출현 키워드들이 모두 한국전쟁 관련국들로 구성되어 있기 때문이다. <그림 35> 역사 분야 키워드를 통해 단편적인 상황 추론이 가능했다면, <표 11> 동시 출현 키워드를 통해 논문의 구체적인 내용과 주 관심사를 보다 명확하게 파악할 수 있다. 그렇다면 이들 키워드는 어떤 키워드를 구심점으로 연결되고 있는 것일까? 키워드 연결 중심성 분포도에서 보다 구체적인 의미를 도출할 수 있다.

<표 12> 역사 분야 1932-2017년 키워드 연결 정도 중심성 상위 분포도

연결 중심성 키워드	Degree Centrality
朝鮮戰爭	0.044226
朝鮮	0.039312
軍隊	0.022113
蘇聯	0.019656
北美洲	0.019656
美利堅合衆國	0.019656
美國	0.019656
蘇維埃社會主義共和國聯盟	0.017199
北朝鮮	0.017199
斯大林	0.012285
毛澤東	0.009828
志愿軍	0.009828
中華人民共和國	0.009828
金日成	0.009828
韓國臨時政府	0.004914
朝鮮戰場	0.004914
韓國	0.004914
朝鮮民主主義人民共和國	0.004914
平壤	0.004914
明朝	0.002457

역사 분야 연결성이 가장 높은 키워드는 '조선전쟁'(0.044226)이다. <그림 35> 키워드 분포도에서는 '조선'의 빈도수가 가장 높았고, <표 11> 동시 출현에서도 '미국-美利堅合衆國'이 86회로 가장 상위였지만 상기 키워드의 연결성에서는 '조선전쟁'이 중심 키워드로 부상하였다. 그렇다면 이 차이를 어떻게 해석해야 할까? 중심성이 높은 키워드를 중심으로 지식 구조가 형성되고 있는 점에 대비시켜 보면 역사 분야의 주된 연구와 관심사가 조선전쟁이고, 이를 중심으로 지식체계가 형성

되고 있다는 점을 알 수 있다. 그리고 두 번째로 중심성이 강한 키워드
는 '조선'(0.039312)이고, 그다음으로 '군대'(0.022113), '소련'(0.019656),
'북미주'(0.019656) 등이 상위에 분포되어 있다. '한국임시정부'가 키워
드 중심성 20위 안에 분포해 있지만 조선전쟁과 조선이란 중심성보다
그 영향력이 떨어진다. 상기 키워드 중심성을 군집화하고 시각적으로
표현한 것이 아래 <표 13>과 <그림 36>이다.

<표 13> 역사 분야 1932-2017년
키워드 군집 상위 분포도

키워드 군집 분포도	
朝鮮戰場, 志愿軍, 軍隊	135
朝鮮戰爭, 北朝鮮, 美利堅合衆國, 北美洲, 美國, 蘇聯, 蘇維埃社會主義共和國聯盟	127.591
平壤, 朝鮮, 朝鮮民主主義人民共和國	86.786
朝鮮戰爭, 毛澤東, 金日成, 斯大林	85.053
韓國, 中華人民共和國, 朝鮮	75.938
朝鮮戰爭, 朝鮮, 美國, 美利堅合衆國, 北美洲, 蘇聯	67
朝鮮戰爭, 朝鮮, 美國, 美利堅合衆國, 北美洲, 軍隊	65.189
朝鮮戰爭, 蘇維埃社會主義共和國聯盟, 蘇聯, 斯大林	62.154
朝鮮戰爭, 北朝鮮, 中華人民共和國	52.826
朝鮮戰爭, 毛澤東, 軍隊	48.6
朝鮮戰爭, 朝鮮, 志愿軍, 軍隊	46.171
朝鮮戰爭, 朝鮮, 金日成	37.969
朝鮮戰爭, 朝鮮, 中華人民共和國	37.969

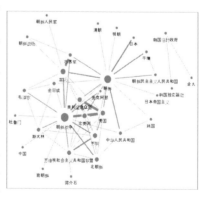

<그림 36> 역사 분야 1932-2017년
키워드 연결망 분석도

<표 13>은 역사 분야 키워드의 군집 정도를 도표화한 것이고, <그림 36>은 역사 분야 키워드 간의 연결망을 시각화한 것이다. 키워드 연결 망 분석에서 가장 큰 원이 '한국전쟁'이고, 그다음으로 '조선'이 위치하고 있다. 원의 크기가 연결성 정도를 나타내기 때문에 조선전쟁의 중심성이 가장 높다고 할 수 있다. 비록 조선전쟁과 조선이란 키워드가 떨어져 중심 키워드로 역할하는 것처럼 보이지만, 두 키워드 또한 다른 키워드로 연결되면서 지식 구조를 형성하고 있다.

먼저 '조선전쟁'을 살펴보면 조선전쟁-북미주-미국-합중국 간에 굵고 짙은 실선으로 연결되어 있음을 알 수 있다. 굵은 실선일수록 그 연결성 정도가 높기 때문에 하나의 지식체계를 형성하고 있다는 의미이고, 조선전쟁-군대-지원군과 조선전쟁-소련-사회주의도 연결성 정도가 높은 것으로 나타나고 있다. 아울러 '조선'이란 중심성도 조선-평양-조선민주주의인민공화국이라는 지식 구조를 형성하기도 하지만 조선-조선전쟁-미국-북미주-소련이라는 연결성을 통해 또 다른 지식체계를 형성하고 있음을 알 수 있다. 한편 조선전쟁-모택동-군대와 조선전쟁-조

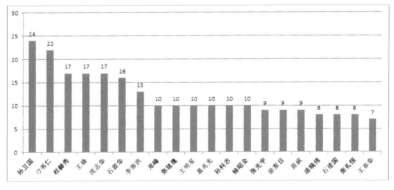

<그림 37> 역사 분야 1932-2017년 저자별 상위 분포도

선-김일성이 연결 구조를 형성하고 있다는 점에서 전쟁을 지휘한 수뇌부와 관련된 논문도 다수를 이루고 있음을 알 수 있다.

저자별 상위 분포도는 1932년부터 2017년까지 역사 분야 논문을 많이 발표한 상위 20명을 대상으로 분석한 것이다. 상기 분포도에 따르면 孫衛國이 24편으로 가장 많은 논문을 발표하였다. 孫衛國은 南開大學 古籍与文化研究所를 거쳐 현재 南開大學 歷史學院 소속으로 활동 중이다. 그의 최근 연구 성과를 살펴보면「朝鮮王朝對淸觀之演變及其根源」(孫衛國, 2017: 51-62)과「朝鮮王朝官修"高麗史"對元東征日本的歷史書寫」(2017: 111-122) 등이 있다.

그리고 그다음으로 명청사를 주로 연구하고 있는 刁書仁이 22편을 생산하였다. 刁書仁은 1999년 吉林師范學院 古籍所 소속이었다가, 2006년 揚州大學 社會發展學院 歷史系로 자리를 옮겼고, 현재 東北師范大學 歷史文化學院 소속으로 활동하고 있다. 그의 최근 연구 성과로는「朝鮮使臣所見晚明社會之亂象-以赴明的朝鮮使臣所撰 '朝天彔'爲中心」(刁書仁, 2016: 79-88),「朝鮮使臣所見晚明遼東社會的民生与情勢」(刁書仁, 2017: 122-131) 등이 있다.

아울러 동아시아 관계사를 주로 연구하고 있는 權赫秀 또한 17편을 집필하였다. 遼宁大學 歷史學院 소속인 그의 최근 연구 성과로는「韓國的甲午戰爭硏究-日本侵略主義. 甲午改革及亞洲民衆的視角」(權赫秀, 2014: 123-130),「'兩截体制'下的朝鮮駐天津督理通商事務衙門-兼談19世紀后期朝鮮王朝的對華外交及其文化背景」(權赫秀, 2015: 121-128) 등이 있다.

이 외에도 王臻, 沈志華가 각기 17편을 발표했다. 역사 분야 총 2,091편 중 상위 5명이 역사 분야 논문을 지속적으로 발표하고 있고, 17편 이상을 생산했다는 점에서 주목해야 할 연구자들이라고 할 수 있다. 그리고 그 뒤를 이어 石源華가 16편, 李善洪이 13편을 발표했고, 鄧峰, 張瑢瑰, 王明星, 葛兆光, 孫科志, 楊昭全이 10편씩을 생산했다. 아울러 張光宇, 徐東日, 苗威가 각각 9편, 潘曉偉, 石建國, 張礼恒이 8편을 작성했다.

상기에 언급된 20명의 연구자는 역사 분야 논문을 7편 이상 생산하고 있다는 점에서 주목해야 할 역사 분야 오피니언 리더들이라 할 수 있다.

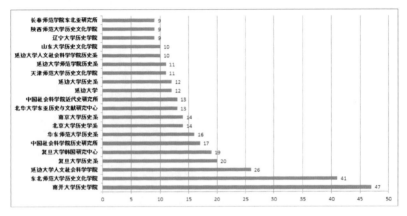

<그림 38> 역사 분야 1932-2017년 소속기관별 상위 분포도

<그림 38>은 역사 분야 논문을 작성하고 있는 연구자들이 소속된 기관들 중 상위 20개를 도표화한 것이다. 역사 분야 논문을 가장 많이 생성하고 있는 기관은 南開大學 歷史學院으로 총 47회 언급되고 있다. 이러한 분석결과는 남개대학 역사학원 소속 연구자들이 꾸준히 연구성과를 발표하고 있고, 연구 또한 활발하게 진행하고 있다는 것을 방증하기에 역사 분야를 대표하는 기관이라고 할 수 있다.

남개대학 역사학원은 2000년 10월 '역사학계를 선도하는 역사학과

를 만들겠다'는 목표를 갖고 설립되었다. 본 기관에서는 주로 중국사, 세계사, 고고학 방향의 연구를 수행하고 있고, 이를 위해 과거에는 『중국근대사』 프로젝트를 추진했으며, 현재는 『중국통사』와, 『세계통사』 프로젝트를 진행하고 있다. 남개대학 역사학원에는 1개의 대학과 3개의 학과가 개설되어 있으며 현재 91명의 교수가 소속되어 있고, 매년 학부생 110명, 석사 80여 명, 박사생 40여 명이 입학하고 있다.

다음으로 東北師范大學 歷史文化學院 소속 연구자들이 41회 출현하고 있다. 동북사범대 역사문화학원은 1949년 역사 교사와 연구원 양성을 목적으로 설립되었다. 본 기관은 원래 동북사범대 역사학과로 출범한 후, 현재 '고전학'과 '동아시아역사' 연구를 수행하고 있고, 최근 들어 『지역문명』 시리즈, 『서방 고전학』, 『세계문명사연구』 시리즈 등을 출판하고 있다. 본 기관은 일본의 도쿄대학, 미국의 캘리포니아대학 등 기타 대학들과 매년 정기적인 교류를 진행하고 있다. 동북사범대 역사문화학원에는 3개의 계열이 있고, 10개의 연구소가 개설되어 있으며, 현재 30명의 교수가 소속되어 있고, 1,000여 명의 학생이 재학 중이다.

그리고 延邊大學 人文社會科學學院 소속자들이 26회 출현하고 있다. 연변대학 인문사회과학학원은 2005년 4월 '인문 분야 전문지식을 갖춘 학생을 양성'하겠다는 목적을 가지고 설립하였다. 본 기관은 주로 동아시아 국제정치, 한중일 관계 방면의 연구를 수행하고 있으며, 북한, 한국, 일본, 대만 등 다른 나라들과 활발하게 교류를 진행하고 있다. 이 연구원에는 4개의 학과가 개설되어 있고, 12명의 교수가 소속되어 있으며 1,139명의 학생이 재학 중에 있다. 주로 민족학, 정치학, 철학 등을 중점적으로 교육시키고 있다. 아울러 夏旦大學 歷史系 소속자들이 20회 등장하고 있고, 夏旦大學 韓國研究中心, 中國社會科學院

歷史研究所, 華東師范大學 歷史系가 15회 이상 등장하고 있다.

상기에 언급된 20개 기관들의 경우 역사 분야 연구자들이 다수 포진하고 있고, 연구 성과 또한 활발하게 생산하고 있어, 역사 분야를 대표하는 기관들이라 할 수 있다.

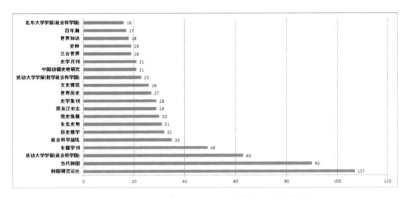

<그림 39> 역사 분야 1932-2017년 학술지별 상위 분포도

<그림 39>는 역사 분야 논문을 가장 많이 게재한 상위 20개 학술지이다. 수록량을 살펴보면 16편에서 107편까지 편차가 크게 나타난다. 가장 많은 논문을 게재한 학술지로 『韓國硏究論叢』을 들 수 있는데 총 107편을 수록하고 있다. 두 번째 『当代韓國』 학술지 게재량(90편)과 큰 차이를 나타내고 있어, 역사 분야를 대표하는 학술지라 할 수 있다. 그다음으로 『延邊大學學報(社會科學版)』에 63편, 『東疆學刊』에 49편, 『社會科學戰線』에 35편, 『歷史教學』에 32편, 『東北史地』에 31편, 『党史縱橫』에 30편이 수록되어 있다.

상기 학술지의 연구 분야를 살펴보면 역사학 관련 논문만을 수록하는 전문 학술지도 있지만, 다양한 분야를 함께 수록하는 종합학술지도

포함되어 있다.

2. 철학 분야[3]

아래 그림은 CNKI에서 哲學, 宗敎라는 키워드를 활용해 추출한 철학 분야 연도별 분포도이다. 1957년 철학 관련 논문이 최초로 발표된 이후 2017년까지 총 1,427편이 추출되었다.

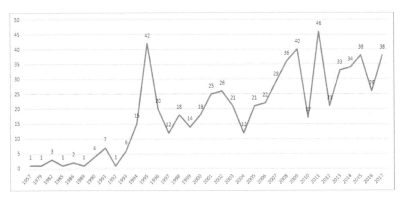

<그림 40> 철학 분야 1957-2017년 연도별 분포도

<그림 40>은 철학 분야 연도별 논문 발표 정도를 도식화한 것이다. 언어 분야가 1956년에서 2017년까지 61년간에 걸쳐 총 1,427편 생산되었고, 문학 분야가 1952년부터 2017년까지 총 1,386편 생산되었으며, 역사 분야가 1932년부터 2017년까지 총 2,091편 발표된 것에 비해, 철학 분야는 1957년 최초 논문이 생산[「十六世紀朝鮮卓越的唯物主義者徐敬德的哲學思想」(崔鳳翼, 1957: 65-75)]되어 다른 분야에 비

---

3) 철학분야는 문형진 원고(2021: 297-317)을 수정·보완하였다.

해 늦게 논문이 생산되었고, 총량에 있어서도 641편이 생산되어 가장 편수가 적은 것으로 나타났다. 연도별 논문 발표량의 변동 추이를 살펴보면 1992년 한중 수교 이후 논문량이 급격하게 증가하여 한 해에 42편의 논문이 발표되었다. 이러한 결과는 1957년부터 1992년까지 발표된 총량 20편을 배나 초과한 양으로 한국과의 수교를 통한 왕래와 학자 간의 교류가 관심도를 높였고, 그 결과가 반영된 것으로 보인다. 특히 한국 성리학을 대표하는 퇴계 이황에 대한 관심 증가와 연구자들의 왕래, 한국 성리학에 대한 연구 증진 그리고 종교의 다양성을 유지하고 있는 한국 종교에 대한 관심 증가가 반영된 결과라고 생각된다.

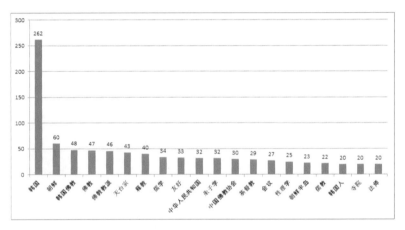

<그림 41> 철학 분야 1957-2017년 키워드 상위 분포도

<그림 41>은 철학 분야 상위 키워드 20개를 추출하여 도식화한 것이다. 상기 그림은 발표 문헌에서 가장 많이 사용된 키워드란 점에서 철학 분야에 대한 전체 흐름을 파악하는 데 시사점을 준다 하겠다. 먼저 가장 많은 빈도수를 보인 키워드는 262회 활용된 '한국'이었다. 이

런 현상은 언어 분야 최상위 키워드가 '조선어(朝鮮語)'(204회), 문학 분야 최상위 키워드가 '조선'(284회), 역사 분야 최상위 키워드가 '조선'(548회)이었던 것과 다른 모습이다. 3장 중화권 한국학 미시 지형도에서 보다 자세하게 분석되겠지만 전체 키워드 분석을 통해 보면 2위 '조선'(60회) 키워드와 4배 이상의 차이를 보이고 있어, 보다 심도 있는 분석이 필요해 보인다. 다음으로 자주 출현하는 키워드는 '한국불교'가 48회, '불교'가 47회, '불교교파'가 46회, '천태종' 43회, '釋敎' 40회로 대부분 불교의 종파와 한국불교를 언급한 내용이 주류를 이루고 있다. 물론 '주자학'과 '기독교' 등 다른 종교와 관련된 키워드도 출현하고 있으나 불교의 빈도수에 미치지 못한다.

<표 14> 철학 분야 1957-2017년 키워드 동시 출현 상위 분포도

동시 출현 키워드1	동시 출현 키워드2	동시 출현 횟수
天台宗	佛敎敎派	42
佛敎	釋敎	40
佛敎	韓國	33
釋敎	韓國	32
中華人民共和國	韓國	27
天台宗	韓國	24
佛敎敎派	韓國	24
友好	韓國	24
韓國	會議	22
友好	會議	21
中國佛敎協會	韓國	20
基督敎	韓國	16
友好	中華人民共和國	15
佛敎	佛敎敎派	14
釋敎	佛敎敎派	14
友好	日本佛敎	14
中華人民共和國	會議	14

동시 출현 키워드1	동시 출현 키워드2	동시 출현 횟수
韓國	敎區	14
韓國	敎會	14
會議	日本佛敎	14

　<표 14>는 철학 분야 키워드가 어떤 키워드와 함께 출현하는지를 통해 철학 분야 지식 구조의 형성 정도를 파악한 분포도이다. <그림 41> 키워드 상위 분포도에서 최상위에 위치한 '한국'의 경우 262회 최다 출현했지만, 다른 키워드와 동시 출현 횟수에서는 한국-불교 33회, 한국-釋敎 32회로 급격하게 줄어들었음을 알 수 있다. 즉, '한국'이란 키워드가 철학 분야에서 자주 언급된 건 사실이지만 지식 구조를 형성하고 의미체계를 형성하기 위해서는 키워드 간 동시 출현을 통해 파악될 필요가 있다는 것을 의미한다. 그리고 한국-중국 불교협회가 20회 동시 출현하고 있어서 중국 불교와의 교류 또한 연구대상이었음을 알 수 있다. 아울러 '일본 불교'와 '우호'가 14회 동시 출현하고 있고, 동북아 3국 불교의 교류 또한 동시 출현하고 있어, 이 분야 연구가 활발히 진행되었음을 알 수 있다. 보다 구체적인 지식체계는 군집 분포도와 연결망을 통해 파악해 보도록 하겠다.

<표 15> 철학 분야 1957-2017년 키워드 연결 정도 중심성 상위 분포도

연결 중심성 키워드	Degree Centrality
韓國	0.060811
友好	0.02027
會議	0.018018
佛敎敎派	0.018018
中國佛敎協會	0.018018
釋敎	0.018018
佛敎	0.018018

연결 중심성 키워드	Degree Centrality
天台宗	0.015766
韓國佛敎	0.013514
中韓日	0.011261
日本佛敎	0.011261
中華人民共和國	0.011261
佛敎界	0.011261
寺院	0.009009
法師	0.006757
基督敎	0.004505
天主敎	0.004505
儒學	0.004505
朝鮮	0.004505
儒家文化	0.002252

<표 16> 철학 분야 1957-2017년
키워드 군집 상위 분포도

키워드 군집 분포도	
韓國佛敎, 天台宗, 佛敎敎派, 寺院	135.692
韓國佛敎, 法師, 中國佛敎協會	120.545
韓國佛敎, 天台宗, 佛敎敎派, 中國佛敎協會	103.765
韓國, 友好, 會議, 中華人民共和國, 佛敎界, 日本佛敎	90.828
韓國, 友好, 會議, 佛敎, 釋敎, 中韓日	75.257
韓國, 天台宗, 佛敎敎派, 釋敎, 中國佛敎協會, 佛敎	73.167
韓國, 友好, 中國佛敎協會, 釋敎, 佛敎	55
韓國, 天主敎, 基督敎	53.04
韓國, 天台宗, 佛敎敎派, 寺院	51.882
韓國, 法師, 中國佛敎協會	41.438

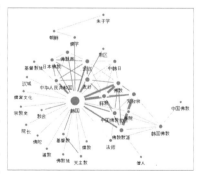

<그림 42> 철학 분야 1957-2017년
키워드 연결망 분석도

<표 16>과 <그림 42>는 철학 분야 지식체계가 어떻게 형성되어 있는지를 보여주는 표와 그림이다. <표 16> 키워드 상위 분포도는 키워드 간 연결고리를 통해 형성된 지식 구조를 보여주고 있고, <그림 42>는 키워드의 중심성과 출현 빈도, 연결성을 종합적으로 시각화하고 있다. 키워드 중심성이 가장 높은 단어는 '한국'으로 원의 모형이 가장 크게 표시되어 있고, 이를 중심으로 다른 키워드가 분포하고 있다. 그리고 '한국'이란 중심성 키워드에서 짙고 굵은 실선이 여러 개 연결되어 있는데, 이건 그만큼 동시 출현 횟수가 높다는 것을 의미한다. 즉, 한국-불교-석교, 한국-석교-천태종-불교교파의 동시 출현 횟수가 높다는 점에서 의미 있는 지식체계를 형성하고 있다고 할 수 있다. 한편 한국불교-천태종-중국불교협회-불교교파, 한국-우호-중화인민공화국-불교계가 하나의 군집을 형성하고 있어서 이 또한 철학 분야 지식 구조의 한 틀을 형성하고 있다.

상기의 키워드 연결망과 군집 분포도를 통해 철학 분야 키워드 간 연결구조와 지식체계의 틀이 드러났다는 점에서 의미 있는 접근이었다고 할 수 있다.

<그림 43>은 철학 분야 논문을 생산한 연구자들이 소속된 기관을 정리한 것이다. 여기에 언급된 상위 20개 기관이 철학 관련 논문을 가장 많이 생산하고 있어서 철학 분야 연구중심기관이라고 할 수 있다. 상위 20개 기관 중에서도 가장 연구를 활발히 진행하고 있는 기관은 11회 언급된 夏旦大學 韓國硏究中心과 中國社會科學院 世界宗敎硏究所이다.

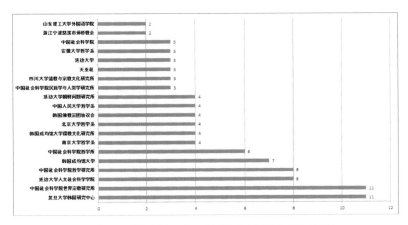

<그림 43> 철학 분야 1957~2017년 소속기관별 상위 분포도

夏旦大學 韓國硏究中心은 국제관계 연구를 목적으로 1992년에 설립되었고, 1994년부터 본격적으로 활동하기 시작했다. 이 기관은 주로 한반도 문제와 동아시아 관계, 한국의 정치, 외교, 경제, 안전 그리고 한국 독립운동과 중한관계를 중점적으로 연구한다. 현재 국제고려학회, 현대중국학회, 이화여자대학교 국사연구원 등과 교류를 진행하고 있다. 기관 내에 1개의 학과가 개설되어 있고, 6명의 교수가 소속되어 있으며, 학생들에게 동아시아 국제관계와 현대 한국 연구를 중점적으로 교육시키고 있다.

중국 사회과학학원 세계종교연구소는 1964년 세계 종교와 중국 종교를 연구할 목적으로 설립되었다. 본 연구소는 계간지 『세계종교문화』를 출판하고 있고, 현재 북미, 유럽, 아시아, 아프리카 여러 나라들과 교류를 진행하고 있다. 8개의 연구실과 1개의 잡지사로 이루어져 있으며, 44명의 연구원이 소속되어 있다. 중국사회과학원의 경우 세계종교연구소뿐만 아니라 종교학연구소(8회), 철학연구소(6회), 민족학과인류학연구소(3회)가 산하에 설치되어 있어서 단일기관으로는 가장 많은 연구 성과를 내는 곳(17회)이라고 할 수 있다.

연변대학 인문사회과학학원도 철학 관련 연구를 활발하게 진행하여 8차례 언급되고 있다. 본 기관은 인문 분야 연구와 학생 배양을 목적으로 2005년 4월에 설립되었다. 주로 동아시아 국제정치, 한중일 관계 등과 관련된 연구를 수행하고 있다. 현재 연변대학 인문사회과학학원은 북한, 한국, 일본, 대만 등 나라들과 교류를 진행하고 있으며, 산하에 4개의 학과가 개설되어 있고, 12명의 교수와 1,139명의 학생이 재학 중이다. 한편 연변대학의 경우 인문사회과학학원뿐만 아니라 연변대학 3회, 조선문제연구소 4회 출현(총 15회)하여 많은 연구자들이 철학 분야 논문을 생산하고 있는 것으로 조사되었다.

그다음으로는 南京大學 哲學系가 4회, 北京大學 哲學系 4회, 中國人民大學 哲學系 4회, 四川大學 道教与宗教文化研究所가 4회, 北京大學 哲學系가 4회 출현하고 있다. 특이점은 한국 성균관대학교 유교

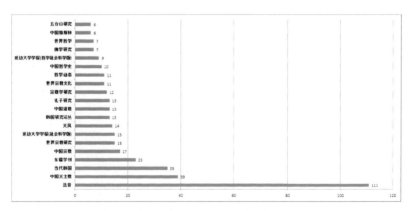

<그림 44> 철학 분야 1957-2017년 학술지별 상위 분포도

문화연구소가 여러 번 등장(4회)하고 있다는 점이다. 이러한 결과는 성대 유교문화연구소가 중국 기관과 활발하게 교류하고 있고, 연구 성과 또한 중국대륙에 지속적으로 발표한 결과라고 생각된다.

<그림 44>는 중국 철학 관련 논문들이 어떤 학술지를 통해 발표되었는지를 보여주는 분포도이다. 철학 관련 논문을 가장 많이 게재하고 있는 학술지는 『法音』이란 학술지로 총 111편을 수록하고 있다. 2위 『中國天主教』의 게재 편수 39편보다 월등하게 앞서고 있어, 철학 분야를 대표하는 학술지라고 할 수 있다. 그다음으로 『当代韓國』이 35편, 『東疆學刊』이 23편을 수록하고 있다. 『당대한국』과 『동강학간』은 역사 분야 논문도 수록하고 있어 한국학 관련 논문을 다양하게 다루고 있는 종합학술지이다. 한편 대학에서 발행한 학술지에도 철학 관련 논문이 수록되어 있는데 『延邊大學學報』가 대표적이다. 사회과학판에 15편, 철학사회과학판에 7편 등 총 24편을 수록하고 있다. 또한 철학 관련 전문학술지도 상위에 분포하고 있는데 『中國宗敎』17편, 『世界宗敎研

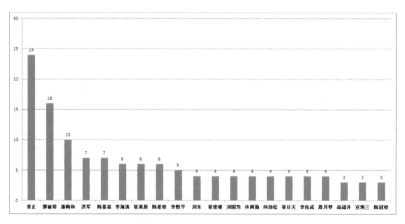

<그림 45> 철학 분야 1957-2017년 저자별 상위 분포도

究』15편, 『中國道教』13편, 『宗教學研究』12편, 『哲學動態』11편, 『中國哲學史』10편 등이 있다. 사람 이름을 학술지명으로 삼아 학술지를 발행하는 곳도 있었는데, 『孔子研究』가 유일했다. 중국 학계에서 공자 사상이 활발하게 연구되고 있음을 방증하는 결과라고 생각된다.

상기 그림은 철학 관련 논문을 가장 많이 생산하고 있는 연구자 20인을 선정한 것이다. 적게는 3편에서 많게는 24편에 이르는 논문을 발표하고 있어서 철학 분야를 대표하는 연구자들이라고 할 수 있다. 이들 중에서도 가장 다작을 발표한 연구자는 普正으로 총 24편을 발표했다. 그의 최신연구로는 2012년 한국 불교 청년단 승려들이 중국 불교협회의 초청을 받아 蘇州 重元寺에서 수행한 사실을 기록한 「韓國佛教修行体驗團赴蘇州重元寺進行修行体驗活動」(普正, 2012: 65-77)과 2013년 한국불교종단협의회의 초청을 받아 중국 불교 관계자 30인이 한국에서 활동한 사항을 기록한 「中國佛教体驗修行團應邀訪問韓國」(普正, 2013: 60-61)을 들 수 있다.

그다음으로 邢麗菊이 16편을 집필하였다. 형여국은 夏旦大學 韓國研究中心 소속으로 주된 연구 분야는 한국철학사상사와 동아시아문화이다. 북한에서 유학했고 성균관대학에서 박사학위를 취득했다. 현재 한국 성균관대학과 적극적으로 교류하고 있다. 최근 연구 성과로는 중국 주자학을 수용하여 한국 유학을 발전시킨 과정에서 조선의 퇴계 이황이 언급한 '리'의 개념을 밝힌 「韓國儒學的'理'概念」(邢麗菊, 2015: 121-129)과 정제두를 중심으로 한 한국 양명학의 발전과정을 다룬 「朝鮮時期陽明學的發展-以霞谷爲中心的考察」(邢麗菊, 2016: 8-13)이 있다.

그리고 潘暢和가 10편을 생산하였다. 연구자 반창화는 연변대학 정치와 공공관리학원 소속이고 주된 연구 분야는 한중일 철학사상 분야이다. 연변대학 중문학과를 졸업하고, 복단대학에서 박사학위를 취득했다. 최근 연구 성과로는 한국 상례문화의 변천과정을 불교의식으로 행한 삼국시대와 주자학 전래 이후 유교식으로 변천된 과정을 언급한 「韓國儒敎喪礼文化的确立及其生死觀」(潘暢和, 2011: 12-17)과 조선시대 양명학의 거두인 정제두의 양명학 사상과 그의 역정을 다룬 「古代朝鮮陽明學的理論走向及其原因——以鄭齊斗爲中心」(潘暢和, 2014: 123-130)을 들수 있다.

한편 洪軍과 陳景富가 7편, 李海濤, 崔英辰, 陳星橋가 6편, 劉東, 崔俊植, 劉國芳, 許輝勛, 何勁松, 高福升, 姜日天, 李佑成, 周月琴이 각 4편, 高福升, 宣炳三, 陳冠橋가 각 3편씩을 발표해 상위 논문 발표자가 되었다. 상위에 분포하고 있는 연구자들의 논문 편수가 언어, 문학, 역사 분야에 비해 적은 것은 그만큼 중국 내에서 한국학 관련 철학 분야 연구가 활성화되지 못했음을 방증하는 결과라 할 수 있다.

제3절 중국과 대만의 거시 지식 지형도 비교

본 절에서는 중국과 대만의 한국학 거시 지형도를 논문 수량과 저자별 빈도분석, 연구기관과 학술지별 빈도분석을 중심으로 비교 분석해 보겠다. 논문 수량은 어문학·역사철학 논문이 발표된 시점부터 지금까지 연도별 논문 발표 수를 비교해 보겠고, 저자별 빈도분석에서는 가장 많은 논문을 발표한 대표자를 추출하여 그들의 논문 발표 경향을 분석하도록 하겠다. 그리고 연구기관 빈도분석에서는 연구자들이 논문을 가장 많이 발표한 학술지를 중심으로 비교해 보도록 하겠다.

1. 중국과 대만의 한국학 논문 수량 비교

중국대륙에서 '韓國' 혹은 '朝鮮'이라는 키워드로 검색된 문헌을 살펴보면 관련 문헌의 최초 생성 시기는 1932년으로 인문학 분야의 문헌이었다. 이후 시기별로 분산되어 분포되다가 1992년 한중 수교 이후 급격하게 증가한 것으로 나타났다.

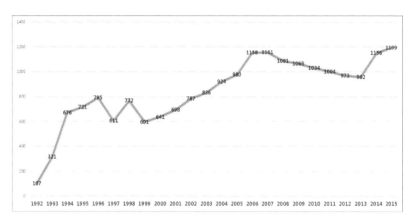

<그림 46> 중국대륙 연도별 논문 수량 분포도

<그림 46>은 1992년부터 중국대륙에서 발표된 논문 수량을 나타낸
분포도이다. 각 분야별로 살펴보면, 어문학·역사철학 분야는 1932년
최초 문헌이 검색된 후, 2015년까지 총 10,275편의 문헌이 검색되었다.
1932년부터 1949년까지는 매년 1편 정도가 발표되다가 1950년 한국
전쟁을 겪으면서 급격하게 발표 문헌이 증가[1950(49편), 1951(52편),
1952(33편), 1953(36편), 1954(27편)]하고 있다. 이후 발표 편수가 줄
어들더니 1986년 아시안게임과 1988년 월드컵을 거치면서 다시 증가
하였고, 1992년 한중 수교를 체결한 이후 발표 편수가 한 해 100편을
상회하기에 이른다. 2000년에 들어 한중관계의 발전과 유학생의 증가
그리고 한국문화의 세계화를 겪으면서 논문수가 더욱 증가하여 2015
년의 경우 800편이 넘는 문헌이 발표되었다.

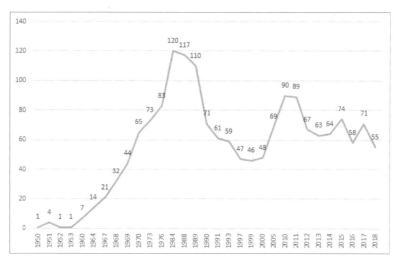

<그림 47> 대만 연도별 논문 수량 분포도

　상기 그림은 1950년부터 2018년까지 대만의 연도별 논문 수량 분포
도이다. 대만의 연도별 발표 논문 수는 1980년 초까지 지속적으로 증
가하다가 1984년 120편의 논문이 발표되어 최대 정점에 달한다. 약간
의 차이(1988년 117편, 1989년 110편)는 있지만 이러한 현상이 1989
년까지 지속된다. 대만 한국학의 위기는 1992년 한중 수교기에 발생한
다. 1991년 논문 발표량이 정점을 이뤘던 1984년(120편)의 절반 정도
인 61편이 발표되어 거의 반토막이 나게 된다. 이러한 현상은 이후에
도 지속되어 1993년 59편, 1997년 47편, 1999년에 이르러서는 46편까
지 떨어진다. 다시 말해 한국과 중국 간에 맺은 수교가 대만에서의 한
국학 논문 발표 수를 떨어뜨리는 데 결정적인 요소로 작용하게 된다.
2010년에 이르러 어느 정도 회복(2010년 90편)하기도 하지만 1980년
대 후반기에는 도달하지 못하고 있다. 최근의 경향을 살펴보면 2016년

58편, 2017년 71편, 2018년 55편으로 여전히 약세를 면치 못하고 있다.

어문학·역사철학 분야에 대해 좀 더 구체적으로 살펴보면 1988년 올림픽이 치러지던 해에 한국에 대한 관심이 증가하면서 논문 발표 편수가 증가하였고 이후 감소하는 추세를 보인다. 이러한 현상은 1992년 한국과 대만 사이의 외교단절이 논의되던 해에 관심이 집중되면서 다시 소폭 증가하지만 이후 감소세로 돌아선다. 2000년 들어 한류가 붐을 일으키면서 한국어에 관심이 높아져서 한국어 교육과 관련된 여러 편의 논문이 발표된다.

2. 중국과 대만의 저자별 빈도분석

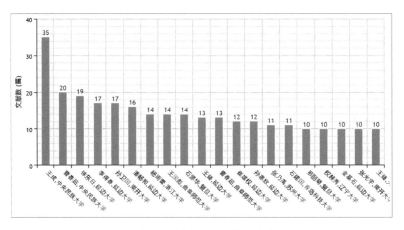

<그림 48> 어문학·역사철학 분야 저자별 상위 20위 분포도

어문학·역사철학 분야의 저자별 빈도분석 결과를 살펴보면, 中央民族大學 王成이 가장 많은 편수를 발표(35편)하였고, 다음으로 같은 대학에 재직하고 있는 曹春茹가 33편을 발표[曲阜師范大學에서 발표(13

편)한 것까지 합침]하였다. 인문학 분야 한국학 관련 저자의 경향을 살펴보면 초창기에는 조선족들이 주로 집필하였지만, 최근에 이를수록 한족들이 중국어 교육과 중국 역사의 확장 그리고 철학의 보편화를 위해 이 분야를 집필하고 있는 것으로 보인다.

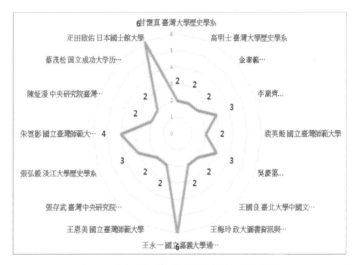

<그림 49> 대만 어문학·역사철학 분야 저자별 분포도

대만의 어문학·역사철학 분야 주요 집필진을 살펴보면 日本國土館大學과 國立嘉義大學 王永一 교수가 6편으로 가장 많은 편수를 발표하고 있고, 다음으로 국립대만사범대학의 朱雲影 교수가 4편을 발표하고 있다. 그리고 다음으로 대만대학 高明士 교수 등이 2-3편의 논문을 발표하고 있다. 한국 유학생을 대상으로 한 언어교육과 동북아 역사 그리고 유교가 한국에 미친 영향 등을 주로 다루고 있다.

3. 중국과 대만의 연구기관 빈도분석

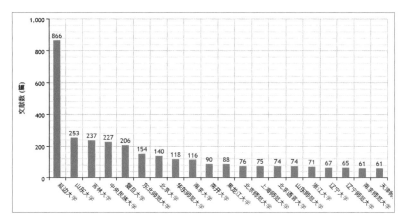

<그림 50> 어문학·역사철학 분야 연구기관별 상위 20위 분포도

어문학·역사철학 분야 연구기관별 발표 현황을 살펴보면 조선어문학과와 조선학과 등 한국 관련 학과나 연구소를 보유하고 있는 대학에

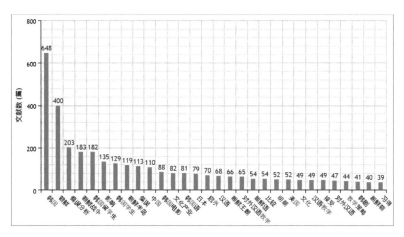

<그림 51> 어문학·역사철학 분야 키워드 분포도

서 많은 편수를 발표하고 있음을 알 수 있다. 대표적으로 동북 3성 지역의 연변대, 길림대, 흑룡강대, 요녕대가 포함되어 있고, 소수민족의 언어와 문화를 포괄하는 중앙민족대학이 포함되어 있다. 그리고 산동대학과 남경대학, 절강대학 등 주요 거점대학들이 포함되어 있다.

어문학·역사철학 분야의 키워드를 분석해 보면 한국이란 단어에서 가장 많은 편수가 발표되고 있고, 다음으로 '조선'이란 키워드에서 많은 편수가 검색됨을 알 수 있다. 좀 더 세분화해 보면 한국의 경우 '한국유학생'과 '한국드라마', '한국영화', '한국어' 등으로 나눌 수 있고, 조선의 경우 '조선반도', '조선어', '조선전쟁', '조선왕조' 등으로 구분할 수 있다. 한국이란 키워드가 남한을 지칭한다면 조선은 전통시대나 북한 그리고 한반도를 포괄하는 개념으로 활용되고 있음을 알 수 있다.

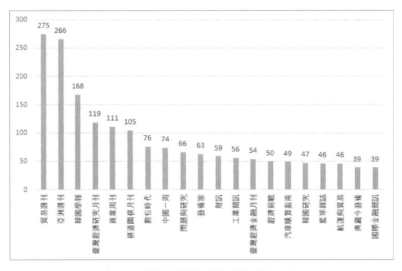

<그림 52> 대만의 한국학 관련 전체 학술지 분포도

대만의 한국학 관련 전체 학술지 분포를 살펴보면 순수 학술 분야 학술지보다 경제경영과 관련된 사회과학 분야 학술지가 주를 이루고 있다. 경제, 무역 방면의 대표적인 학술지로 『臺灣經濟硏究月刊』, 『商業周刊』, 『航運與貿易』 등이 있고, 금융 관련 분야에도 『臺灣經濟金融月刊』과 『國際金融簡訊』 등이 있다. 순수 학술지의 성격을 띠고 있는 학술지로는 『韓國學報』, 『問題與硏究』, 『韓國硏究』 등을 들 수 있어서 상위 20개 학술지에서 적은 비중을 차지하고 있다. 즉, 대만인들의 한국학 관심 분야는 순수학문 분야보다는 학술과 현실, 학술과 경제, 학술과 금융과 같이 실용성을 겸한 분야라는 것을 전체 한국학 학술지 분포를 통해 확인할 수 있다. 다음으로는 어문학·역사철학 분야로 세분화하여 주요 학술지 분포를 살펴보도록 하겠다.

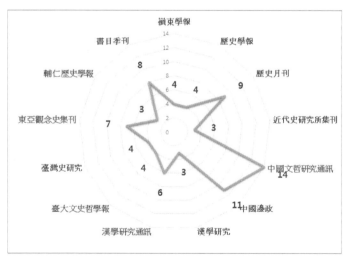

<그림 53> 대만 어문학·역사철학 분야 학술지 분포도

대만의 어문학·역사철학 분야 학술지 분포도를 살펴보면 『中國文哲研究通訊』과 『臺大文史哲學報』, 『中國邊政』에서 한국 관련 어문학과 철학 관련 주제들을 주로 다루고 있고, 『臺灣史硏究』와 『輔仁歷史學報』 그리고 『歷史學報』 등에서 한국 관련 역사 관계를 다루고 있다. 대만 어문학·역사철학 학술지 분포도에 나타난 특징은 학회를 중심으로 한 포괄적인 접근과 대학 내 연구소를 중심으로 한 세부적인 접근이 함께 진행되고 있다는 점을 들 수 있다.

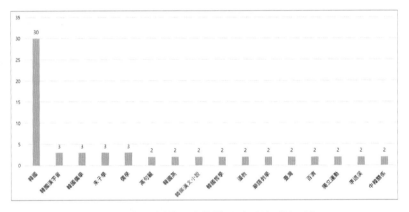

<그림 54> 대만 어문학·역사철학 분야 상위 키워드 분포도

어문학·역사철학 분야 피인용 횟수를 살펴보면 관련 분야의 문헌 수와 불일치하는 점을 발견할 수 있다. 문헌 수를 살펴보면 日本國土館大學과 國立嘉義大學 王永一 교수가 6편으로 가장 많고, 국립대만 사범대학의 朱雲影 교수가 4편, 대만대학 高明士 교수 등이 2-3편의 논문을 발표하고 있다. 그러나 피인용지수를 살펴보면 周婉窈의 「從比較的觀點看臺灣與韓國的皇民化運動——一九三七至一九四五」(新史學,

1994)가 18회로 가장 많이 인용되고 있고, 潘鳳娟의「皇帝的孝道: 法籍耶穌會士韓國英譯介 『御製定孝經衍義』初探」(漢語基督敎學術論評, 2009)이 6회 그리고 陳姃湲의「處於『東洋史』與『國史』之間: 戰後韓國歷史學界中的臺灣史硏究」(臺灣史硏究, 2011)가 3회, 李明輝의「臺灣學界關於韓國儒學的硏究槪況」(臺灣東亞文明硏究學刊, 2010)이 2회 인용되고 있다. 즉, 피인용지수란 대만 연구자들의 관심 사항과 논문의 평가에 따라 달라지기 때문에 대만의 한국학을 연구하는 데 중요한 지표가 될 수 있다. 누가 영향력이 있고 어떤 논문이 한국학을 확산하는 데 효과적인가를 판단하는 데는 논문의 편수도 중요하지만, 논문의 인용지수도 매우 중요할 것이기 때문이다.

중화권 한국학
미시 지식 지형도 분석

◆ 제4장은 중화권 한국학 지식 지형도를 미시적으로 살펴보는데 그 목적이 있다. 1절에서는 시기별로 나누어 미시 지형도를 살펴본 후, 2절에서는 학문 분야별 오피니언 리더를 살펴보고, 3절에서는 중국과 대만의 미시 지식 지형도를 비교해 보겠다.

◆ 본 장에서 살펴보는 한국학 미시 지형도는 키워드의 동시출현 분포와 키워드의 연결 중심성, 키워드 군집분포, 키워드 간의 연결망을 통해 구체화 될 것이다. 그리고 이를 토대로 중국과 대만의 연구 경향과 관점도 비교 될 것이다.

제1절 시기별 미시 지식 지형도 분석

1. 어문학 분야 시기별 미시 지식 지형도

언어 분야 1992년 이전(1957~1991년까지)

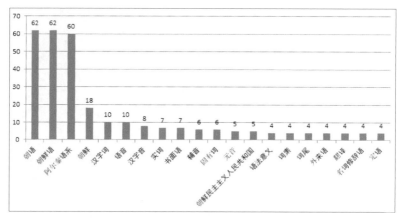

<그림 55> 언어 분야 1992년 이전 키워드 분포도

1956년부터 1992년까지의 언어 분야 키워드 빈도분석 결과를 살펴보면 '조어(朝語)' 62개, '조선어(朝鮮語)' 62개, '알타이어계(阿爾泰語系)' 60개, '조선' 18개, '漢字詞' 10개, '語音' 10개 등의 순으로 나타난다. 조어(朝語)와 조선어(朝鮮語)가 124번 출현하여 가장 많은 빈도수를 보이고 있다. 그다음으로 음운론 관련 키워드가 '음성(語音)' 10개, '한자음' 8개, '자음(輔音)' 6개, '모음(元音)' 5개로 총 29번 나타난다. 조선어의 어원을 다룬 '알타이어계(阿爾泰語系)'도 60번 나타나, 조선어 구조와 변천, 계통과 관련된 연구가 주로 이루어졌음을 알 수 있다. 한편 '어휘(實詞)' 7개와 '허사' 같은 어휘론적 연구와, '문어체'(7개)를 다루는 통사론적 접근, '접미사'(詞尾, 4번), '형태소'(詞素, 4번) 관련 부분도 빈도수가 높아 주 관심 대상이었음을 알 수 있다.

알타이어계를 다룬 최초의 논문으로 「朝鮮語詞儿連寫規則」(周剛, 1956: 14-18)이 있고, 「朝鮮語基础課敎學法初探」(李世龍, 張光軍, 1980: 8-12)과 「朝鮮出版的語言學著作」(冰冰, 1965: 14) 등이 있다. 음운론을 다룬 최초 논문으로 「朝鮮語言學界槪況」(沈儀琳, 1965: 15-16)이 있고, 「俄語与朝鮮語語音之對比」(陳鳴曉, 1978: 73-84)와 「朝鮮學生在語音學習中的問題」(田桂文, 1981: 37-41) 등이 있다. 통사론적 접근을 한 초기 논문으로는 「朝鮮的文字改革」(白銳, 1964: 13-14)과 「朝鮮民族標准語形成史略」(Л.Б.Никольский ; 心水, 1965: 5-7) 등이 있다.

<표 17> 언어 분야 1992년 이전 키워드 동시 출현 분포도

동시 출현 키워드1	동시 출현 키워드2	동시 출현 횟수
朝鮮語	朝語	62
朝鮮語	阿爾泰語系	60
朝語	阿爾泰語系	60
朝鮮語	語音	10
朝語	語音	10
阿爾泰語系	語音	10
朝鮮語	漢字詞	9
朝語	漢字詞	9
阿爾泰語系	漢字詞	8
朝鮮語	朝鮮	7
朝語	朝鮮	7
朝鮮語	漢字音	6
朝語	漢字音	6
阿爾泰語系	漢字音	6
朝鮮語	元音	5
朝鮮語	固有詞	5
朝語	元音	5
朝語	固有詞	5
阿爾泰語系	朝鮮	5
阿爾泰語系	元音	5

상기 표는 1956년부터 1991년까지 35년 동안 작성된 논문에 나타난 키워드가 어떤 형태로 동시 출현하고 있는지를 보여주는 분포도이다. 조선어(朝鮮語)-조어(朝語, 62번) 구조가 가장 상위 빈도수를 보이고 있고, 그다음으로 조선어(朝鮮語)-알타이어계(阿爾泰語系, 60번)의 동시 출현 횟수가 높은 것으로 나타났다. 즉, '조선어(朝鮮語)'와 '조어(朝語)' 그리고 '알타이어계(阿爾泰語系)' 동시 출현 횟수가 높다는 것은 조선어의 계통을 밝히는 논문이 많았음을 의미한다. 그리고 조선어와

음성(語音, 10번), 한자말(漢字詞, 9번)이 동시 출현하고 있어 조선어에 대한 발음 현상[「与漢語舌尖元音對應的朝鮮語漢字音及其演變」(李得春, 1980: 63-69), 「利用朝鮮語的漢字音分辨zhi chi shi和z c s」(陳植藩, 1980: 30-33)]과 조선어 안에서의 한어 차용 현상[「朝鮮語中的滿語借詞与同源成分」(李得春, 1984: 46-51), 「漫談朝鮮漢字音舌音的演變」(李得春, 1987: 89-95)], 조선어에 쓰인 한자 지위와 작용 부분[「漢字与朝

<표 18> 언어 분야 1992년 이전 키워드 연결 정도 중앙성 분포도

연결 중심성 키워드	Degree Centrality
阿爾泰語系	0.3
朝語	0.3
朝鮮語	0.3
固有詞	0.075
外來語	0.0625
語音	0.0625
語素	0.05
詞素	0.05
詞尾	0.05
實詞	0.05
輔音	0.05
漢字詞	0.05
漢字音	0.05
元音	0.05
名詞修辭語	0.05
定語	0.05
朝鮮	0.05
漢語詞	0.0375
語音變化	0.0375
謂語	0.0375

<표 19> 언어 분야 1992년 이전 키워드 군집 분포도

키워드 군집 분포도	
朝鮮語, 朝語, 阿爾泰語系, 朝鮮, 漢字音	6.333
朝鮮語, 朝語, 阿爾泰語系, 定語, 名詞修辭語	6.333
朝鮮語, 朝語, 阿爾泰語系, 詞尾, 詞素	6.333
朝鮮語, 朝語, 阿爾泰語系, 語音, 元音	6.23
朝鮮語, 朝語, 阿爾泰語系, 語音, 輔音	6.23
朝鮮語, 朝語, 阿爾泰語系, 漢字詞, 固有詞	6.129
朝鮮語, 朝語, 阿爾泰語系, 固有詞, 外來語	6.032
朝鮮語, 朝語, 阿爾泰語系, 書面語	4.889
朝鮮語, 朝語, 阿爾泰語系, 朝鮮民主主義人民共和國	4.889
朝鮮語, 朝語, 阿爾泰語系, 賓語	4.889
朝鮮語, 朝語, 阿爾泰語系, 翻譯	4.889
朝鮮語, 朝語, 阿爾泰語系, 科學院	4.889
朝鮮語, 朝語, 阿爾泰語系, 謂語	4.889
朝鮮語, 朝語, 阿爾泰語系, 語音變化	4.889
朝鮮語, 朝語, 阿爾泰語系, 漢語詞	4.889
朝鮮語, 朝語, 阿爾泰語系, 實詞	4.813
朝鮮語, 朝語, 阿爾泰語系, 語素	4.813

鮮的吏讀字」(朱松植, 1987: 93-100), 「關于朝鮮語中的特殊的漢字詞」(金海守, 1988: 66-72)]이 주된 연구 대상이었다. 아울러 조선어의 모음(元音, 5번)과 고유명사(고유어, 5번) 등 조선어 자체를 연구하는 경향도 상존했다.

이 시기의 키워드 동시 출현 분포를 통해 조선어의 계통을 다룬 연구, 조선어의 음운조직과 체계를 다룬 연구, 문장의 구조와 구문요소를 분석하는 연구, 그리고 단어의 형태 변화와 그 구성을 다룬 연구 등이 집중적으로 연구되었음을 알 수 있다.

상기 표들은 1992년 이전 언어 분야 키워드 중앙성과 군집 분포도를 나타내 주고 있다. 키워드 연결 중앙성은 의미 구조의 틀에서 어떤 키워드가 핵심인지를 보여주는 것이고, 군집 분포도는 키워드들이 어떻게 무리 지어 의미체계를 형성하고 있는지를 보여준다. 먼저 연결 중앙성을 살펴보면 '알타이어계(阿爾泰語系)'(0.3)와 '조어(朝語)'(0.3), '조선어(朝鮮語)'(0.3)가 같은 수치로 중심성을 보이고 있고, 그 뒤로 '고유어' (0.075), '외래어'(0.0625), '어음(語音)'(0.0625)이 분포하고 있다. 이러한 현상을 군집 분포도와 비교해서 살펴보면 군집 분포 17개 집단 모두에 '알타이어계(阿爾泰語系)'란 키워드가 분포하고 있어 중앙성이 강함을 알 수 있고, '조어(朝語)'와 '조선어' 또한 모두 분포되어 있음을 알 수 있다. 즉, 1992년 이전 언어 분야 연구 경향은 조선-조선어(朝鮮語)-알타이어계(阿爾泰語系)를 기본으로 언어의 다양한 분야가 관심 대상이었음을 알 수 있다. 아울러 조선어와 한자와의 관계, 조선어 문장을 구성하고 있는 주요 품사에 대한 연구 그리고 조선어를 구성하고 있는 자음과 모음, 허사와 어휘(實詞), 형태소 등이 지식 구조를 형성하고 있었다.

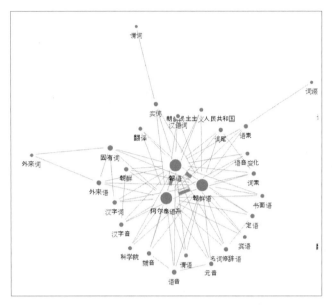

<그림 56> 언어 분야 1992년 이전 키워드 연결망 분석도

상기 그림은 1956년부터 1991년까지 키워드 연결망을 도식화한 것이다. 중앙성이 강한 키워드로 '알타이어계(阿爾泰語系)'와 '조선어(朝鮮語)', '조어(朝語)'가 중앙에 가장 큰 원을 형성하고 있고, 중심 키워드를 가운데 두고 다양한 키워드가 연결성을 유지하고 있다. 의미 구조를 살펴보면 알타이어계(阿爾泰語系)-조선어(朝鮮語)-조어(朝語)가 굵고 짙은 실선으로 연결되어 있어, 중심성 키워드 사이의 연결성 또한 강한 것으로 표시되고 있다. 즉, 중앙성이 강한 키워드가 서로 연결성도 강하여 세 키워드가 지식체계의 핵심을 형성하고 있음을 알 수 있다. 아울러 중앙성이 강한 3개 키워드에 대해 개별적인 의미 구조로 분석해 보면, '조어(朝語)'의 경우 조어(朝語)-조선민주주의인민공화국-조선어(朝鮮語)라는 구조를 형성하고 있는데, 북한 언어를 조선어의 의미 구조로 다루고

있고, 조어(朝語)-고유명사(고유사)-한자어, 조어(朝語)-조선-한자음, 조어(朝語)-외래어-고유명사(고유사) 등 조선어와 한자의 관계 등이 관심 대상이었음을 알 수 있다. 그리고 '조선어'의 경우 조선어(朝鮮語)-목적어(賓語)-정음, 조선어(朝鮮語)-모음(元音)-어음(語音), 조선어(朝鮮語)-술어(謂語)-조어(朝語) 등으로 의미체계를 형성하고 있어 문장을 이루고 소리 내는 언어의 다양한 형식이 의미 구조를 형성하고 있는 것으로 파악되었다. 마지막으로 '알타이어계(阿爾泰語系)'도 알타이어계(阿爾泰語系)-보어-어음(語音), 알타이어계(阿爾泰語系)-한자음-조선, 알타이어계(阿爾泰語系)-어휘(實詞)-조선어(朝鮮語) 등 언어의 계통과 한자와의 관계 등이 의미 구조를 형성하고 있는 것으로 나타났다. 즉, 1992년 이전 키워드 연결망을 통해 중앙성을 이루고 있는 세 개의 키워드 간에 강한 응집력이 있을 뿐만 아니라, 개별적으로도 의미 구조를 형성하고 있어, 조선어 자체에 대한 분석 작업이 활발하게 진행되었음을 알 수 있다.

언어 분야 1992년부터

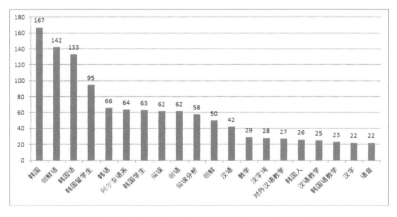

<그림 57> 언어 분야 1992년부터 키워드 분포도

<그림 57>은 1992년 이후 발표된 언어 분야 논문들에 나타난 주요 키워드를 정리한 것이다. 분석 결과 1992년 이후 발표된 논문들에서 가장 많이 언급된 키워드는 '한국'으로 총 167회 사용되었다. 그리고 한국과 연관성이 있는 키워드들이 1992년 이전과 달리 많이 나타나고 있는 것으로 조사되었다. '한국어'(133회), '한국유학생'(95), '한어'(66), '한국학생'(63), '한국인'(26회), '한어교학'(25회)[中華書局出版"朝鮮時代漢語敎科書叢刊"(2005: 61)⁴⁾] 등이 대표적인 키워드들이다. 1992년 이후 발표된 논문들에 나타난 키워드 간의 관련성에서도 한국-한국어-한어(366회, 27%)가 조선-조선어(朝鮮語)-조어(朝語)(254, 19%)보다 높게 나타났다. 이러한 현상은 1992년 한중 수교 이후 한국인과의 접촉 증가, 대학 간의 교류 증가, 한국 유학생 증가 등이 반영된 결과라 할 수 있다. 교육 관련 키워드(79회, 6%)와 오류(120회, 9%) 관련 키워드가 자주 사용되는 것도 한국과의 교류 증가에 따른 결과라 생각된다.

<표 20> 언어 분야 1992년부터 키워드 동시 출현 분포도

동시 출현 키워드1	동시 출현 키워드2	동시 출현 횟수
朝鮮語	朝語	62
朝鮮語	阿爾泰語系	62
朝語	阿爾泰語系	60
韓語	韓國語	50
韓國留學生	偏誤分析	16
韓國留學生	偏誤	13
韓國	韓語	11
韓國	韓國語	11

---

4) 조선시대 汉语敎科书 10종('原本老乞大'、'老乞大谚解'、'老乞大新释'、'重刊老乞大谚解' 등)을 소개한 글로 언어 분야에서 피인용지수가 가장 높게 나타나고 있다.

동시 출현 키워드1	동시 출현 키워드2	동시 출현 횟수
韓國學生	偏誤分析	11
漢語敎學	韓國	10
韓國	漢字敎育	10
朝鮮語	韓國語	9
韓國	學習漢語	9
韓語	韓國人	9
韓國語	韓國人	9
韓國語	漢語	9
朝鮮語	朝鮮	8
朝語	朝鮮	8
阿爾泰語系	朝鮮	8
語素	詞綴	8

<표 20>은 1992년 이후 발표된 언어 분야 논문들에 동시 출현하는 키워드를 분석한 것이다. 조선어(朝鮮語)-조어(朝語)(62회), 조선어(朝鮮語)-알타이어계(阿爾泰語系)(62회), 조어(朝語)-알타이어계(阿爾泰語系)(60회)의 경우 1992년 이전 논문들과 동시 출현 횟수에 차이가 있을 뿐, 같은 순서를 유지하고 있어 언어 분야 논문의 주요 관심사가 동일성을 유지하고 있는 것으로 조사되었다. 다만 1992년 이전과 다른 점은 '한국', '한국어' 관련 용어의 동시 출현 횟수가 급격하게 증가하고 있고, '조선', '조선어(朝鮮語)' 동시 출현 횟수는 상대적으로 감소하고 있다는 점이다. 즉, 한국과의 관계 증진이 언어 방면 논문에도 영향을 미치고 있음을 알 수 있다. 반면, 조선어의 계통을 다루고 있는 논문들의 경우 1992년 이전에 비해 상대적으로 감소하고 있어 학문 경향이 바뀌고 있음을 알 수 있다. 아울러 '한자교육', '한어학습', '한어교육' 등 교육 관련 키워드가 '한국유학생', '한국오류', '오류분석' 등과 동시에

출현하는 횟수가 증가하고 있어 한국 유학생을 대상으로 한 한어 교육 관련 논문들이 많이 생성되고 있음을 알 수 있다.

<표 21> 언어 분야 1992년부터 키워드 연결 정도 중앙성 분포도

연결 중심성 키워드	Degree Centrality
韓國	0.1875
韓國留學生	0.125
韓國語	0.116071
朝鮮語	0.116071
阿爾泰語系	0.107143
朝語	0.098214
偏誤	0.089286
韓國學生	0.089286
韓語	0.089286
朝鮮	0.071429
學習漢語	0.044643
語音	0.044643
詞綴	0.044643
語素	0.044643
漢字詞	0.044643
教學對策	0.035714
漢語	0.035714
偏誤分析	0.035714
漢字教育	0.035714
諺文	0.035714

<표 22> 언어 분야 1992년부터 키워드 군집 분포도

키워드 군집 분포도	
阿爾泰語系, 語綴, 語素, 詞綴	33.538
聲調, 偏誤, 聲母	33
朝語, 阿爾泰語系, 朝鮮語, 詞尾, 詞素	22.5
韓國, 漢字文化圈, 諺文, 漢字教育	21.8
韓國留學生, 韓國學生, 偏誤分析, 教學對策	21.8
朝語, 阿爾泰語系, 朝鮮語, 固有詞, 漢字詞	21.6
朝語, 阿爾泰語系, 朝鮮語, 語素, 詞綴	20.769
韓國學生, 韓國人, 韓國語, 韓語	18.167
韓國留學生, 韓國學生, 偏誤, 習得	17.44
韓國留學生, 韓國學生, 偏誤, 教學對策	16.769
韓國留學生, 韓國語, 學習漢語, 韓語	16.769
韓國留學生, 韓國學生, 對外漢語	16.5
韓國留學生, 對策, 偏誤	16.5
韓國留學生, 中介語, 偏誤	16.5
親屬語言, 韓語, 韓國語	16.5
朝語, 阿爾泰語系, 朝鮮語, 語法意義	16.148
韓國, 漢字教育, 韓文	15.714
聲調, 偏誤, 韓國留學生	15.714
漢語, 韓語, 韓國語	15.714
朝語, 阿爾泰語系, 朝鮮語, 語音	15.034
韓國留學生, 韓國學生, 學習漢語	14.348

1992년 이후 키워드 연결 중앙성과 군집 분포도를 찾아보면 이전 시기와 다른 양상이 나타난다. 중앙성이 강한 키워드로 '한국'이 나타나

고, 그 뒤로 한국유학생과 한국어가 출현하고 있어 지식 구조가 조선어에서 한국어와 한국유학생으로 옮겨 갔음을 의미한다고 할 수 있다. 키워드 군집 분포도에서도 이런 현상이 함께 나타나 한국유학생이라는 키워드가 오류, 교학, 습득, 성조와 의미 구조를 형성하고 있고[한국유학생-오류분석(偏誤分析)-교학대책, 한국유학생-한국학생-오류(偏誤)-습득, 한국유학생-한국학생-대외한에] 이런 의미체계가 상위 군집 분포도에 위치하고 있어, 언어의 계통과 음운구조라는 이전 시기의 경향이 한국학생에 대한 언어교육 쪽으로 변화하였음을 알 수 있다. 그렇다고 조선어의 계통을 다룬 연구가 이루어지지 않은 것은 아니다. 알타이어계(阿爾泰語系)-형태소(語素), 알타이어계(阿爾泰語系)-조선어(朝鮮語)-접미사(詞尾)-형태소(사소)라는 군집을 이루며 의미 구조를 형성하고 있기 때문이다.

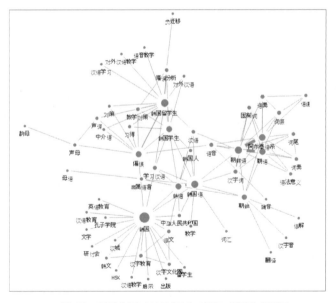

<그림 58> 언어 분야 1992년부터 키워드 연결망 분석도

1992년 이후 언어 분야 키워드 연결망을 살펴보면 '한국'이란 키워드의 중앙성이 가장 높고, '한국유학생'과 '한국어', '조선어(朝鮮語)', '알타이어계(阿爾泰語系)', '조어(朝語)', '오류(偏誤)' 등도 연결 구조를 형성하거나 독립된 의미 구조를 이루고 있는 것으로 나타난다. 먼저 중앙성이 높은 '한국'의 경우 다양한 키워드와 복잡하게 연결되어 있고, 한국-한자교육-한자문화권-한문, 한국-학습-한국유학생-오류(偏誤), 한국-조어(朝語)-한국어-한국인-한어 등 중심성이 강한 키워드 혹은 한국인을 대상으로 한 한자교육, 한자문화권인 한국의 한문 교육 실태 등이 의미 구조를 형성하고 있다. 또한 조선어(朝鮮語)-조어(朝語)-알타이어계(阿爾泰語系)는 중심성이 강한 키워드끼리 의미 구조를 형성하고 있어 주 관심 대상이었음을 알 수 있다. 그 결과 조선어(朝鮮語)-고유명사-알타이어계(阿爾泰語系), 알타이어계(阿爾泰語系)-접미사(詞尾)-형태소(語素), 조어(朝語)-한자사-조선어(朝鮮語) 등으로 서로 연결되거나 주변부를 형성하면서 의미 구조를 형성하고 있다. 아울러 한국유학생과 한국학생을 중앙성으로 한 의미 구조도 형성되고 있는데, 한국유학생-오류분석(偏誤分析)-교학, 한국유학생-대외한어-한국학생, 한국학생-한어학습-조어(朝語), 한국학생-학습-습득 등의 형태를 이루고 있다.

1992년 이후 언어 분야 키워드 연결망을 통해 중심성이 강한 키워드가 다층화되고 있고, 그 의미 구조 또한 '한국'과 '한국인', '한국유학생', '한자교육' 등으로 다변화되고 있는 것으로 조사되었다.

문학 분야 1992년 이전(1952-1991년까지)

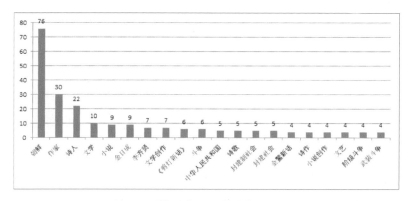

<그림 59> 문학 분야 1992년 이전 키워드 분포도

상기 그림은 1952년부터 1992년 이전까지의 키워드를 빈도분석 한 결과이다. '조선'이 76번으로 가장 많은 빈도수를 보이고 있고, 다음으로 '작가' 30번, '시인' 22번, '문학' 10번, '소설' 9번 출현하고 있다. 조선의 문학작품을 중심으로 작품을 생산한 작가 혹은 시인에 대한 연구와 시, 소설 등 문학작품에 대한 분석이 주류를 이루고 있다. 아울러 중국 문학작품의 영향을 다룬 키워드(전등신화 6번, 금오신화 4번)와 북한과의 관련성을 나타내는 키워드(김일성 9번), 사회체제를 다루고 있는 키워드(봉건사회 5번, 봉건제사회 5번, 계급투쟁 4번) 등의 빈도수가 높은 것으로 조사되었다. 1992년 이전 키워드에서는 중국과 북한과의 사회주의체제 밀접성에서 오는 키워드와 사회주의 찬양 그리고 봉건사회 비판을 다룬 키워드가 주류를 이루고 있다.

동시 출현 키워드1	동시 출현 키워드2	동시 출현 횟수
作家	朝鮮	20
朝鮮	詩人	15
朝鮮	小說	9
文學	朝鮮	7
朝鮮	金日成	6
朝鮮	文學創作	6
作家	文學	5
朝鮮	封建社會	5
朝鮮	封建制社會	5
朝鮮	李齊賢	5
封建社會	封建制社會	5
作家	金日成	4
朝鮮	斗爭	4
朝鮮	小說創作	4
朝鮮	詩作	4
朝鮮	"剪灯新話"	4
朝鮮	詩歌	4
金日成	武裝斗爭	4
金日成	階級斗爭	4
武裝斗爭	階級斗爭	4

　　1952년부터 1992년 이전까지의 키워드 동시 출현 분포를 살펴보면 단일 키워드만으로 볼 때 보다 자세한 의미 구조를 도출할 수 있다. 이 시기 문학작품의 경우 북조선과의 관련성, 중국 작품의 영향, 봉건사회와 계급투쟁, 순수문학작품이 주 관심 대상이었다. 즉, 북조선과의 관련성은 '조선'이란 키워드와 '김일성'(6번), '김일성'과 '무장투쟁'(4번), '계급투쟁'(4번)이 동시 출현하고 있는 점에서 다양하게 연구되었음을 인식할 수 있고, 중국 작품과의 관련성은 조선-전등신화(4번), 조선-李齊賢(5번)의 동시 출현 키워드로 파악할 수 있으며, 사회체제를 다룬

부분에서는 조선–봉건사회(5번), 조선–봉건제사회(5번), 봉건사회–봉건제사회(5번)의 동시 출현 키워드를 통해 그 의미를 유추할 수 있다. 마지막으로 작가–조선(20번), 조선–시인(15번), 조선–소설(9번)이 상위 출현 동시 키워드로 나타나 순수문학을 다룬 작품 세계 또한 활발하게 연구되었음을 알 수 있다.

<표 24> 문학 분야 1992년 이전 키워드 연결 정도 중심성 분포도

연결 중심성 키워드	Degree Centrality
朝鮮	0.629213
詩人	0.235955
作家	0.235955
小說	0.101124
《剪灯新話》	0.089888
封建制社會	0.089888
封建社會	0.089888
文學創作	0.089888
中華人民共和國	0.067416
《興夫傳》	0.067416
古典名著	0.067416
金日成	0.067416
金鰲新話	0.05618
李齊賢	0.05618
儿夫	0.05618
李陸史	0.05618
思想家	0.05618
階級斗爭	0.05618
武裝斗爭	0.05618
傳奇文學	0.044944

<표 25> 문학 분야 1992년 이전 키워드 군집 분포도

키워드 군집 분포도	
朝鮮, 作家, 南朝鮮	13.737
李奎報, 詩人, 朝鮮漢詩	13.737
詩篇, 詩人, 譯使	13.737
李調元, 詩人, 文人	12.429
朝鮮, 古典名著, 封建社會, 封建制社會, 儿夫, 《興夫傳》	8.542
朝鮮, 小說, 古典名著, 封建社會, 封建制社會, 《興夫傳》	8
朝鮮, 金日成, 武裝斗爭, 階級斗爭, 游擊隊	7.589
朝鮮, 小說創作, 文學創作, 明淸小說, 《剪灯新話》	7.083
朝鮮, 思想家, 朴趾源, 封建社會, 封建制社會	6.967
朝鮮, 金日成, 武裝斗爭, 階級斗爭, 作家	5.822
朝鮮, 《剪灯新話》, 金鰲新話, 金時習	5.639
朝鮮, 《剪灯新話》, 金鰲新話, 傳奇文學	5.639
朝鮮, 《剪灯新話》, 中華人民共和國, 傳奇文學	5.548
朝鮮, 民族, 權利主体	4.833
朝鮮, 平壤, 朝鮮民主主義人民共和國	4.833
朝鮮, 魯迅著作, 作家, 魯迅作品	4.778
朝鮮, 北學派, 朴齊家	4.745
朝鮮, 詩人, 詩作, 李齊賢	4.712
朝鮮, 柳樹人, 作家, 李陸史	4.712
朝鮮, 文學, 金日成, 作家	4.649

1992년 이전 문학 분야 키워드 중앙성과 군집 분포도를 살펴보면 가장 중심성이 강한 키워드가 '조선'(0.629213)이고 그다음으로 '시인', '작가', '소설' 순으로 나타난다. 군집 분포도를 살펴보면 4가지 패턴으로 군집이 형성되어 있음을 알 수 있다. 의미 구조를 살펴보면 조선-시인-문인-작가, 조선-평양-조선민주주의인민공화국, 중화사상 영향과 계승, 봉건사회 비판과 계급투쟁 등이 있다. 조선-시인-문인-작가 군집

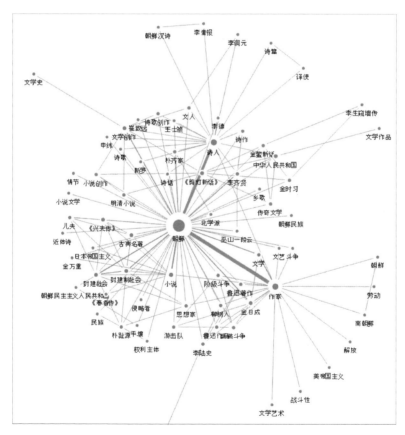

<그림 60> 문학 분야 1992년 이전 키워드 연결망 분석도

을 통해 시인 이조원과 이규보, 이육사 등의 작품을 주 연구 대상으로 삼았음을 알 수 있고, 조선-평양-조선민주주의인민공화국 군집에서는 북한과의 관련성을 파악할 수 있으며, 중화사상의 영향과 계승 군집을 통해서는 전등신화, 금오신화를 중심으로 양국의 문학적인 영향을 다루고 있음을 알 수 있다. 마지막으로 봉건사회 비판과 계급투쟁이 군집을 형성하고 있는데, 홍부전과 박지원의 열하일기를 소재로 활용하고 있음을 알 수 있다. 여기서 살펴본 중심성 키워드와 군집 분포도는 다음 연결망 키워드를 통해 보다 자세하게 의미 구조를 형성하고 있다.

1992년 이전 키워드 연결망을 살펴보면 중앙성이 가장 높은 '조선'이란 키워드를 중심으로 다양한 키워드가 연결되고 있다. 그리고 '조선'이란 키워드는 빈도수는 좀 떨어지지만 중앙성을 형성하고 있는 '작가'와 '시인' 등과 굵은 실선으로 연결되어 있어 조선-작가-시인이라는 강한 연결성을 나타내 주고 있다. 즉, 중앙성이 높은 세 키워드를 중심으로 문학 분야 의미 구조가 형성되어 있음을 알 수 있다. 보다 세부적인 연결망을 살펴보면 작가-무장투쟁-김일성이라는 북조선 관련 의미 구조와 전등신화-김시습-금오신화-전기문학이라는 중국 관련 문학작품, 그리고 홍부전-봉건사회-봉건제사회 연결망을 통해 사회주의 찬양과 봉건사회 비판이 또 다른 의미체계를 형성하고 있다.

문학 분야 1992년부터(1992~2017년까지)

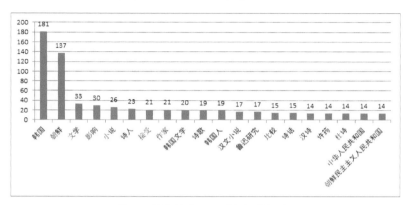

<그림 61> 문학 분야 1992년부터 키워드 분포도

1992년부터 2017년까지 생산된 논문을 대상으로 상위 키워드를 추출한 결과 '한국'이란 키워드의 빈도수가 가장 높은 181번으로 나타났고, 뒤를 이어 '조선' 137번, '문학' 33번, '영향' 30번, '소설' 26번, '시인' 23번으로 조사되었다. 1992년 이전 시기와 다른 점은 한국이란 단어의 빈도수가 높게 나타나고, 그 관련 키워드의 출현 횟수도 증가하고 있어(한국문학 20번, 한국인 19번) 한국과의 교류 활성화가 문학 분야에도 영향을 미친 것으로 조사되었다. 그리고 중국 관련 키워드도 계속 출현하고 있어(노신연구 17번, 중화인민공화국 14번, 비교 15번) 중국 문학작품에 대한 연구와 그 영향을 다룬 부분도 주 관심사였음을 알 수 있다. 한편 이전 시기보다 출현 빈도는 줄었지만 '조선'이란 키워드가 137번 출현하고 있고, 북조선 관련 키워드(조선민주주의인민공화국 14번)도 상위 분포도를 보이고 있어 이 또한 관심 대상이었음을 알 수 있다. 그리고 순수문학 관련 키워드(문학 33번, 소설 26번, 시인 25번, 시가 19번)도 여전히 빈도수가 높게 나타나 다양한 문학 장르가 폭넓

게 연구되고 있음을 알 수 있다.

<표 26> 문학 분야 1992년부터 키워드 동시 출현 분포도

동시 출현 키워드1	동시 출현 키워드2	동시 출현 횟수
韓國	文學	16
朝鮮	詩人	14
朝鮮	平壤	13
韓國	魯迅硏究	13
朝鮮	朝鮮民主主義人民共和國	12
小說	韓國	12
作家	韓國	11
平壤	朝鮮民主主義人民共和國	11
志願軍	軍隊	10
朝鮮	李朝	9
民族	權利主体	9
杜詩	唐詩	9
朝鮮	志願軍	8
朝鮮	軍隊	8
朝鮮	杜詩	8
朝鮮	唐詩	8
韓國	中華人民共和國	8
朝鮮	章回小說	7
朝鮮	文學創作	7
朝鮮	詩話	7
韓國	中國古代小說	7

1992년부터 2017년까지 발표된 논문을 통해 문학 분야 키워드 동시 출현 빈도수를 살펴보면 '한국'이란 키워드가 '문학'(16번), '魯迅硏究'(13번), '소설'(12번), '작가'(11번) 등과 동시에 자주 출현하는 것을 알 수 있다. 이런 경향은 1992년 한중 수교를 기점으로 한국과 교류가 증가하면서 나타나는 결과라고 생각된다. 아울러 북한과의 관련성을 보이

는 부분에서 이전 시기에는 김일성이라는 인물의 빈도수가 높았던 것에 반하여 '조선민주주의인민공화국'(12번), '평양'(11번), 지원군-군대(10), 조선-지원군(8번) 등이 동시에 출현하고 있어서 한국전쟁에 대한 지원 군 파견을 다룬 작품이 주류를 이루고 있음을 알 수 있다. 한편 중국문학과의 관련성은 '노신연구'(13번), '杜詩'(9번), '唐詩'(8번) 등으로 시기와 인물이 구체화되기도 하고, 한국-중국고대소설(7번), 한국-중화인민공화국(8번) 등으로 동시 출현 빈도가 증가하기도 한다.

<표 27> 문학 분야 1992년부터
키워드 연결 정도 중심성 분포도

연결 중심성 키워드	Degree Centrality
韓國	0.180723
朝鮮	0.174699
朝鮮民主主義人民共和國	0.03012
接受	0.024096
≪剪灯新話≫	0.024096
中國古代小說	0.024096
詩人	0.024096
章回小說	0.024096
所見	0.018072
史料	0.018072
杜詩	0.018072
古典文學	0.018072
詩歌	0.018072
文學創作	0.018072
金日成	0.018072
平壤	0.018072
軍隊	0.018072
志愿軍	0.018072
小說	0.018072
作家	0.018072

<표 28> 문학 분야 1992년부터
키워드 군집 분포도

키워드 군집 분포도	
韓國, 中國古代小說, 史料, 所見	23.286
志愿軍, 朝鮮, 軍隊, 朝鮮民主主義人民共和國	23.286
平壤, 朝鮮, 朝鮮民主主義人民共和國, 金日成	23.286
民族, 朝鮮, 權利主體	18.222
文學創作, 朝鮮, 詩歌創作	17.571
杜詩, 朝鮮, 唐詩	17.571
≪三國演義≫, 朝鮮, 章回小說	16.966
李奎報, 朝鮮, 詩人	16.966
韓國, ≪紅樓夢≫, 章回小說	16.4
韓國, 中國古代小說, ≪剪灯新話≫	15.375
韓國, 朝鮮, 小說, 作家	12.302
韓國, 朝鮮, 詩人, 詩歌	12.074
韓國, 朝鮮, 文學	8.945
韓國, 朝鮮, 詩話	8.945
韓國, 朝鮮, 漢文小說	8.945
韓國, 朝鮮, 章回小說	8.632
韓國, 朝鮮, ≪剪灯新話≫	8.632

상기 표는 1992년부터 2017년까지 생산된 문학 분야 키워드의 중심성 정도와 군집 분포도를 정리한 것이다. 키워드 연결성이 가장 높은 단어가 '한국'으로 1992년 이전과 다름을 알 수 있고, 그 결과 군집 분포도에서도 한국과 연결된 키워드가 군집을 형성하고 있음을 알 수 있다. 상기 군집 키워드 17개를 유형별로 묶어보면 한국과 중국 고대소설 관계, 중국문학에 나타난 북조선과의 관계, 순수문학작품 등이다. 한국에 미친 중국문학의 경우 '삼국연의', '홍루몽', '전등신화', '당시' 등의 키워드와 군집을 이루고 있고, 중국과 북조선과의 관계를 나타내는 군집에서는 조선민주주의인민공화국-군대-지원군, 김일성-평양 등의 키워드가 함께 출현하고 있어 한국전쟁과 관련된 내용이 주 관심사로 다루어졌음을 알 수 있다. 그리고 순수문학 부분에서는 이전 시기와 같이 소설-문학-시인 등이 군집을 이루고 있다. 가장 높은 빈도수를 나타내는 군집이 한국과 중국 고대소설의 관계를 다룬 부분이고 그다음으로 북조선의 군대 파견 부분이 군집을 형성하고 있다.

1992년 이후 문학 분야 키워드 군집을 통해 보면 한국과의 교류 증대로 인한 한국 관련 키워드 군집도가 증가한 반면, 사회주의 찬양과 봉건사회의 폐해 그리고 순수문학 군집도 분포는 응집력이 떨어지는 것으로 조사되었다.

1992년 이후 키워드 연결망을 살펴보면 '한국'과 '조선'이라는 두 개의 중앙성 키워드를 중심으로 키워드가 연결망을 구축하고 있다. 중앙성 키워드 '한국'은 또한 '노신연구'와 '문학', '작가', '소설'이라는 키워드와 굵은 선으로 링크되어 있어 연결망을 강하게 구축하고 있고, '조선'이라는 중앙성 키워드도 '조선민주주의인민공화국'과 '평양'이라는 키워드가 긴밀하게 연결망을 형성하고 있음을 알 수 있다. 즉, 이러한 연

결현상은 지식체계가 그만큼 강하고 빈번함을 나타내기에 주 관심 대상
이자 연구가 활발하게 진행되었음을 의미한다. 또 다른 의미 구조를 살
펴보면 한국-중국고대소설-사료-소견, 한국-홍루몽-장회소설, 한국-전
등신화-중국고대소설 의미 구조를 형성하고, 중국문학의 영향과 관계를
다룬 연결망이 의미 있게 나타나고 있다. 한편 조선과 한국이라는 중심
성 키워드에 연결망이 구축되어 조선-한국-소설-작가, 조선-한국-문
학, 조선-한국-시화 등의 지식 구조를 갖추고 있다는 것을 알 수 있다.

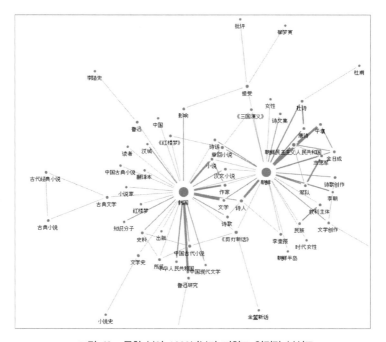

<그림 62> 문학 분야 1992년부터 키워드 연결망 분석도

1992년 이후 키워드 연결망을 통해 이전 시기와 다르게 한국을 중심

으로 한 지식 구조가 나타나고 있고, 조선이라는 중앙성 키워드와 균형을 이루며 개별 키워드가 상호 연결되고 분산되면서 지식체계를 구축하고 있는 것으로 밝혀졌다.

2. 역사철학 분야 시기별 미시 지형도

역사 분야 1992년 이전(1932-1991년)

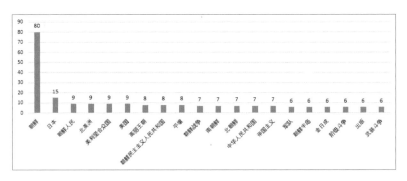

<그림 63> 역사 분야 1992년 이전 키워드 분포도

1932년부터 1992년 이전까지 발표된 논문 키워드 중 빈도수가 높은 키워드 20개를 정리해 볼 때, 빈도수가 가장 높은 키워드는 '조선'으로 80번 나타났고, 그다음으로 '일본' 15회, '조선인민', '북미주', '미연합국', '미국'이 각각 9번씩 출현했다. 이러한 키워드 빈도는 재중 동포들이 겪었던 한국전쟁 상황을 '조선민주주의인민공화국'(8번), '평양'(8번), '조선전쟁'(7번), '남조선' 등과 연결시키면서 활발하게 연구를 진행한 결과라고 생각된다. 이 외에도 북조선 관련 '김일성'(6번)이라는 키워드와 '계급투쟁'(6번)이란 키워드가 상위에 위치해 있어, 북조선과의 관련성도 주 연구 대상이었음을 알 수 있다. 그리고 '중화인민공화국'(7번)

과 '군대'(6번)라는 키워드 빈도수가 높은 점을 볼 때, 한국전쟁에 참여한 사실이 중국과 북조선 그리고 제국주의(7번) 관계 속에서 역사적으로 조망되고 있는 것으로 보인다.

역사 분야 1992년 이전 키워드를 통해 한국전쟁에 참전한 미국과 중국, 북조선과 남조선의 관계가 문헌에서 매우 빈번하게 다루어졌음을 알 수 있다.

<표 29> 역사 분야 1992년 이전 키워드 동시 출현 분포도

동시 출현 키워드1	동시 출현 키워드2	동시 출현 횟수
朝鮮	日本	11
美國	美利堅合衆國	9
美國	北美洲	9
美利堅合衆國	北美洲	9
朝鮮	平壤	8
武裝斗爭	階級斗爭	6
朝鮮	大院君	5
朝鮮	高麗王朝	5
帝國主義	思想体系	5
蘇聯	蘇維埃社會主義共和國聯盟	5
志願軍	軍隊	5
朝鮮	美國	4
朝鮮	美利堅合衆國	4
朝鮮	北美洲	4
朝鮮	李鴻章	4
朝鮮	李合肥	4
朝鮮	斗爭	4
朝鮮	高句麗	4
朝鮮	武裝斗爭	4
朝鮮	階級斗爭	4

1992년 키워드 동시 출현 현상을 살펴보면 단일 키워드 빈도수에 담긴 의미를 보다 심도 있게 분석할 수 있다. 키워드 빈도수에서 '조선'이란 키워드가 80회로 높게 나타남에 따라, 키워드 동시 출현에서도 다른 키워드와 동시에 출현하는 횟수가 높게 나타나고 있다. 그리고 이러한 해석은 미국-美利堅合衆國(9회), 미국-북미주(9회), 지원군-군대(5

<표 30> 역사 분야 1992년 이전 키워드 연결 정도 중심성 분포도		<표 31> 역사 분야 1992년 이전 키워드 군집 분포도	
연결 중심성 키워드	Degree Centrality	키워드 군집 분포도	
朝鮮	0.307692	帝國主義, 思想體系, 武裝斗爭, 階級斗爭	82.667
階級斗爭	0.061538		
武裝斗爭	0.061538	蘇聯, 北美洲, 美國, 美利堅合衆國, 蘇維埃社會主義共和國聯盟	25.417
北美洲	0.061538		
美利堅合衆國	0.061538		
美國	0.061538	北朝鮮, 美國, 美利堅合衆國, 北美洲, 朝鮮戰爭	23.462
朝鮮戰爭	0.046154		
思想體系	0.046154	南朝鮮, 美利堅合衆國, 北美洲, 美國, 朝鮮戰爭	23.462
帝國主義	0.046154		
軍隊	0.030769	朝鮮, 思想體系, 武裝斗爭, 階級斗爭	7.515
志愿軍	0.030769		
李合肥	0.030769	朝鮮, 平壤, 朝鮮民主主義人民共和國	6.097
李鴻章	0.030769		
蘇維埃社會主義共和國聯盟	0.015385	朝鮮, 李鴻章, 李合肥	6.097
		朝鮮, 甲午戰爭, 大院君	6.097
蘇聯	0.015385	朝鮮, 民族解放運動, 民族獨立運動	6.097
中華人民共和國	0.015385		
開化派	0.015385	朝鮮, 公使, 外交人員	6.097
朝鮮人民	0.015385	朝鮮, 志愿軍, 軍隊	6.097
日本帝國主義	0.015385	朝鮮, 美國, 美利堅合衆國, 北美洲	5.511
金日成	0.015385		

회)와 더불어 한국전쟁이란 역사적인 사실이 역사 분야의 주 연구 대상이었음을 나타내 준다. 아울러 조선-무장투쟁(4회), 조선-계급투쟁(4회), 조선-투쟁(4회)이라는 동시 출현 키워드를 통해 반봉건 반제국주의 사상도 연구가 매우 활발하게 진행되었음을 유추할 수 있다. 이 외에도 조선-대원군(5회), 조선-고려왕조(5회), 조선-고구려(4회) 등 한국 전통 시대의 역사 또한 관심 대상이었음을 알 수 있다. 이상의 동시 출현 키워드를 통한 의미 유추는 아래 군집 키워드를 통해 더욱 명확하게 나타난다.

1992년 이전 생성된 문헌에 나타난 키워드의 중앙성이 가장 높은 것은 '조선'으로 나타났고, 그다음이 '계급투쟁', '무장투쟁' 등으로 조사되었다. 이러한 결과는 키워드 군집 분포도에서도 그대로 확인되는데 12개 군집 중 10개 군집에서 조선이란 키워드가 다른 키워드와 군집을 이루고 있음을 파악할 수 있다. 군집 키워드 유형을 크게 세 가지로 분류해 보면, '반봉건 반제국투쟁', '조선전쟁', '사회주의'를 들 수 있다. '반봉건 반제국투쟁'은 제국주의-무장투쟁-계급투쟁이 군집을 이루며 가장 군집 수가 많은 군집으로 나타났고, '조선 전쟁'은 소련-미국-연합군, 북조선-미국-한국전쟁, 남조선-미국-한국전쟁, 조선-지원군-군대 등과 함께 군집을 이루면서 분포하고 있어 북한과 중국이 혈맹을 통해 미제국주의에 대항했던 한국전쟁에 대해 연구가 활발하게 진행되었음을 알 수 있다. 중앙성이 높은 키워드를 중심으로 군집 키워드가 형성됨에 따라 키워드 분포와 동시 출현 키워드에서 단편적으로 유추되었던 현상이 지식 구조의 틀로 체계화되고 있다는 점에서 의미 있는 분석이라고 평가할 수 있다.

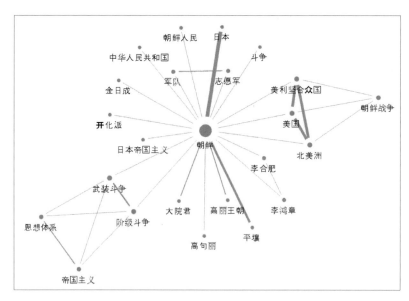

<그림 64> 역사 분야 1992년 이전 키워드 연결망 분석도

역사 분야 1992년부터

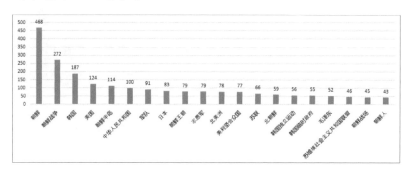

<그림 65> 역사 분야 1992년부터 키워드 분포도

1992년부터 2017년까지 발표된 2,174편의 역사 분야 키워드 빈도분석 결과를 살펴보면, '조선'(468개), '한국전쟁'(272개), '한국'(187개),

'미국'(124개), '조선반도'(114개), '중화인민공화국'(100개) 등의 순으로
나타났다. 1992년 이전 시기와 다른 점은 '한국'이란 키워드가 상위 키
워드로 자리 잡았다는 점이다. 그러나 언어 분야나 문학 분야에서는
1992년 이후 '한국'이란 키워드의 빈도수가 가장 높게 나타난 반면 역
사 분야에서는 세 번째의 출현 빈도를 보일뿐 최상위 빈도수를 보이지
못하고 있어 다른 양상을 보이고 있다. 즉, 언어와 문학 분야가 한국과
의 교류 증가로 인해 관심 대상과 연구 방향이 바뀐 것에 비하여 역사
분야는 이전 시기와 같이 조선전쟁이 여전히 주 연구 대상이고 활발하
게 논문이 작성되었음을 보여주는 결과라고 생각된다. 이러한 현상은
이하 상위 빈도수를 보이고 있는 '군대'(91개), '지원군'(79개) 등의 키
워드와 병합되면서 여전히 주 관심 대상이었음을 알 수 있다. 이전 시
기와 또 다른 차이점은 '한국독립운동'(56개), '한국임시정부'(55개) 등
의 빈도수가 높게 나타나 임시정부를 거점으로 한 독립운동도 주 연구
대상으로 부각되고 있는 것으로 나타났다.

<표 32> 역사 분야 1992년부터 키워드 동시 출현 분포도

동시 출현 키워드1	동시 출현 키워드2	동시 출현 횟수
美國	美利堅合衆國	77
美國	北美洲	77
美利堅合衆國	北美洲	77
志願軍	軍隊	75
朝鮮戰爭	美國	73
蘇聯	蘇維埃社會主義共和國聯盟	46
朝鮮戰爭	北美洲	44
朝鮮戰爭	美利堅合衆國	43
朝鮮戰爭	蘇聯	42
朝鮮	中華人民共和國	40

동시 출현 키워드1	동시 출현 키워드2	동시 출현 횟수
朝鮮	日本	39
朝鮮	軍隊	36
軍隊	朝鮮戰爭	35
朝鮮戰爭	北朝鮮	34
朝鮮戰爭	麥克阿瑟	33
平壤	朝鮮	31
朝鮮	志愿軍	31
志愿軍	朝鮮戰爭	29
朝鮮戰爭	斯大林	29
朝鮮戰爭	蘇維埃社會主義共和國聯盟	28

1992년부터 2017년까지 역사 분야 논문에서 동시 출현한 키워드를 분석해 보면 미국-美利堅合衆國과 미국-북미주가 각각 77회로 가장 높은 빈도수를 나타내고 있다. 그리고 지원군-군대(75회)와 조선전쟁-미국(73회)도 높은 빈도수를 보이고 있어 이전 시기와 대동소이하게 한국전쟁이라는 주제가 활발하게 연구되었음을 알 수 있다. 그리고 이러한 연구 경향은 조선전쟁-북미주(44회), 조선전쟁-소련(42회), 군대-조선전쟁(35회), 조선전쟁-북조선(34회), 조선전쟁-麥克阿瑟(33회) 등 동시 출현 키워드와 함께 상위 순서를 나타내고 있어, 중국 역사학계에서 한국전쟁이 매우 중요한 이슈로 다루어지고 있음을 알 수 있다. 상기 표를 통해 보면 상위 동시 출현 키워드 20개 중 19개가 한국전쟁과 직간접적으로 연관되어 있어 주 연구 대상이자 핵심 이슈였음을 알 수 있다.

<표 33> 역사 분야 1992년부터
키워드 연결 정도 중앙성 분포도

<표 34> 역사 분야 1992년부터
키워드 군집 분포도

연결 중심성 키워드	Degree Centrality
朝鮮	0.099057
朝鮮戰爭	0.09434
美國	0.061321
北美洲	0.04717
美利堅合衆國	0.04717
北朝鮮	0.04717
軍隊	0.04717
蘇聯	0.042453
毛澤東	0.042453
中華人民共和國	0.042453
蘇維埃社會主義共和國聯盟	0.037736
斯大林	0.033019
金日成	0.028302
麥克阿瑟	0.028302
志願軍	0.028302
韓國	0.023585
中國	0.014151
韓國臨時政府	0.014151
朝鮮人民軍	0.014151
朝鮮半島	0.009434

키워드 군집 분포도	
朝鮮戰場,志願軍,軍隊	52.5
朝鮮半島, 美國, 韓國	45
北朝鮮,朝鮮戰爭, 蘇聯, 蘇維埃社會主義共和國聯盟, 美國, 北美洲	37.947
朝鮮, 平壤, 朝鮮民主主義人民共和國	33.158
北朝鮮, 朝鮮戰爭, 金日成, 斯大林, 毛澤東	32.5
北朝鮮, 朝鮮戰爭, 蘇聯, 蘇維埃社會主義共和國聯盟, 斯大林	30.588
朝鮮, 朝鮮人民軍, 志願軍, 軍隊	29.857
北朝鮮, 朝鮮戰爭, 蘇聯, 毛澤東, 斯大林	29.714
北朝鮮, 朝鮮戰爭, 中華人民共和國, 毛澤東, 斯大林	29.714
北朝鮮, 朝鮮戰爭, 中華人民共和國, 美國, 美利堅合衆國, 北美洲	29.571
朝鮮, 朝鮮戰爭, 美國, 美利堅合衆國, 北美洲, 蘇聯, 蘇維埃社會主義共和國聯盟	29.429
朝鮮, 日本, 韓國	28.636
麥克阿瑟, 朝鮮戰爭, 杜魯門	28.636
麥克阿瑟, 朝鮮戰爭, 蔣介石	28.636
麥克阿瑟, 朝鮮戰爭, 美國, 美利堅合衆國, 北美洲	26.667
朝鮮, 朝鮮戰爭, 美國, 美利堅合衆國, 北美洲, 中華人民共和國	23.434
朝鮮, 韓國, 中華人民共和國, 美國	23.222
朝鮮, 朝鮮戰爭, 美國, 美利堅合衆國, 北美洲, 軍隊	23
朝鮮, 朝鮮戰爭, 毛澤東, 軍隊, 志願軍	22.609
朝鮮, 朝鮮戰爭, 毛澤東, 軍隊, 金日成	22.609
朝鮮, 朝鮮戰爭, 美國, 中國	18.578
朝鮮, 朝鮮戰爭, 毛澤東, 中華人民共和國	17.787
朝鮮, 朝鮮戰爭, 毛澤東, 蘇聯	17.787

1992년부터 2017년까지 발표된 논문들을 살펴볼 때 중앙성이 가장 높은 키워드는 '조선'으로 나타났고, 그다음으로 '조선전쟁', '미국', '북미주'가 그 뒤를 이었다. 이러한 결과는 키워드 군집 분포도에 그대로 반영되어 20개 군집 분포도에 '한국전쟁'이란 키워드가 17번 직접 출현하고 있다. 즉, 이러한 현상은 역사 분야가 이전 시기와 별 차이 없이 한국전쟁을 연구 대상으로 활발하게 연구했음을 의미한다. 다만 키워드 분포도와 동시 출현 키워드에서 나타나지 않았던 전쟁 수행 주체(김일성, 모택동, 맥아더)들이 구체적으로 거명되고 있다는 점에서 의미 있는 접근이라고 할 수 있다. 아울러 일본 제국주의를 대상으로 한 역사와 조선민주

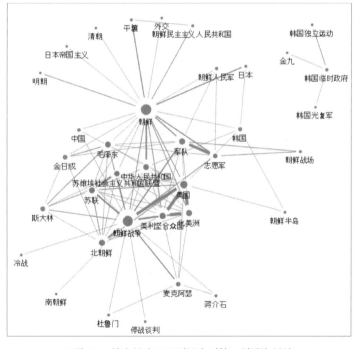

<그림 66> 역사 분야 1992년부터 키워드 연결망 분석도

주의인민공화국에 대한 역사도 비중 있게 다루어졌음을 알 수 있다.

1992년 이후 키워드 연결망을 살펴보면 '조선', '조선전쟁', '미국'이라는 세 개의 중앙성 키워드를 중심으로 서로 연결되거나 독립 구조를 형성하면서 지식 구조를 형성하고 있는 것으로 나타났다. '조선'과 '조선전쟁'이라는 키워드의 경우 조선인민공화국을 매개로 서로 연결되어 있고, 조선전쟁과 미국은 북미주, 연합국과 연결되면서 지식 구조를 형성하고 있다. 그리고 '조선'이란 중심성 키워드는 조선-평양-조선민주주의인민공화국, 조선-일본-한국, 조선-김일성-모택동 등과 연결망을 형성하면서 국가 간의 연결성과 전쟁 참여국 지도자의 판단 등이 활발하게 연구되었음을 나타내 준다. 한편 독립적이긴 하지만 한국임시정부와 한국광복군-김구-한국독립운동이 하나의 군집을 형성하고 있어 비록 빈도수가 높지는 않지만 이전 시기와 달리 새롭게 연구가 활성화되고 있는 분야라고 할 수 있다.

철학 분야 1992년 이전(1957-1991년)[5]

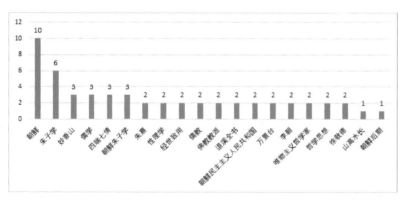

<그림 67> 철학 분야 1992년 이전 키워드 분포도

---

5) 문형진(2021: 297-317)을 수정·보완하였다.

1957년부터 1991년까지 발표된 논문들에 나타난 키워드 빈도분석을 진행한 결과 상기 키워드 분포도를 추출할 수 있었다. '조선'이라는 키워드의 빈도수가 가장 높은 가운데, '주자학'이 6회 출현하고 있고, '묘향산', '유학', '사단칠정', '조선주자학'이 각각 3회 빈도수를 보이고 있다. 철학 분야 상기 키워드 분포를 통해 남송시대 주희가 시대정신에 맞게 재정립한 주자학이자 성리학을 바탕으로 조선시대에 폭넓게 연구된 퇴계 이황의 주리론과 율곡 이이의 주기론이 연구의 주 관심 대상이자 활발하게 다뤄진 논문의 주제였음을 확인할 수 있다. 이러한 해석은 '주희'(2번), '성리학'(2번), '퇴계전서'(2번), '서경덕'(2회)이라는 상위 키워드와 함께 논할 때 그 의미가 명확해진다. 아울러 빈도수가 높은 키워드로는 유교보다는 덜하지만 '불교'(2회), '불교교파'(2회)도 등장하고 있어, 불교의 전파와 한국 불교 현황에 대한 관심도 상존했음을 알 수 있다.

<표 35> 철학 분야 1992년 이전 키워드 동시 출현 분포도

동시 출현 키워드1	동시 출현 키워드2	동시 출현 횟수
朝鮮	朱子學	3
徐敬德	朝鮮	2
朝鮮	儒學	2
朝鮮	妙香山	2
朝鮮	万景台	2
朝鮮	佛教教派	2
朝鮮	經世致用	2
朱子學	四端七情	2
朱子學	李朝	2
朱子學	儒學	2

동시 출현 키워드1	동시 출현 키워드2	동시 출현 횟수
朱子學	經世致用	2
朱子學	性理學	2
朱子學	朱熹	2
妙香山	万景台	2
妙香山	朝鮮民主主義人民共和國	2

1957년부터 1991년까지 작성된 철학 분야 키워드 동시 출현 분포도를 분석해 보면, '조선'이란 키워드와 '주자학'이란 키워드가 어떤 의미로 해석되고 활용되었는지를 파악할 수 있다. '조선'이란 키워드는 '주자학', '유학', '경세치용'이란 키워드와 동시 출현함으로써 주자학이 조선사회에 미친 영향과 조선 안에서의 인식 정도에 대해 연구를 활발하게 진행했음을 알 수 있다. 그리고 이러한 해석은 주자학이란 키워드가 '주희', '성리학', '이조'라는 키워드와 동시 출현하는 빈도수가 높게 나온 것에서 입증된다. 한편 주자학과 경세치용이 동시 출현하고 조선과 경세치용이 동시 출현하는 빈도수가 높게 나타난 점에서 볼 때 주자학을 실천윤리에 국한시키지 않고 정치의 이념으로 활용하였음을 알 수 있다. 이러한 의미 해석은 군집 분포도를 통해 더 명확하게 밝혀진다.

<표 36> 철학 분야 1992년
이전 키워드 연결 정도 중앙성 분포도

연결 중심성 키워드	Degree Centrality
朱子學	0.05303
朝鮮	0.05303
妙香山	0.022727
經世致用	0.015152
万景台	0.015152
儒學	0.015152
朱熹	0.007576
性理學	0.007576
佛敎敎派	0.007576
朝鮮民主主義人民共和國	0.007576
李朝	0.007576
四端七情	0.007576
徐敬德	0.007576

<표 37> 철학 분야 1992년
이전 키워드 군집 분포도

키워드 군집 분포도	
朝鮮, 妙香山, 万景台	65
朝鮮, 朱子學, 儒學	39
朝鮮, 朱子學, 經世致用	39

1992년 이전 철학 분야 논문에 나타난 중앙성과 군집 분포도를 통해 볼 때 '주자학'과 '조선'이란 키워드의 중앙성이 가장 높은 것으로 나타났다. 그 결과 군집 분포도에서도 조선과 주자학에 다른 키워드가 군집을 이루면서 의미를 생성하고 있음을 알 수 있다. 다음으로 중앙성이 높은 키워드는 '경세치용', '주희', '성리학', '이조', '사단칠정', '서경덕' 등으로 나타나 조선시대 주자학이 미친 영향과 조선 유학자들 간에 행해진 이념 논쟁과 성리학적 발전에 주목한 것으로 보인다. 이러한 경향은 군집 분포도에서 조선-주자학-유교, 조선-주자학-경세치용이 함께 출현하는 것과 맥을 같이한다 하겠다.

즉, 1992년 이전 철학 분야의 주 관심사는 유교의 전래와 조선에서의 활용에 초점이 맞춰져 있었고, 부분적으로 불교에 대한 이해를 강구하고 있던 것으로 판단된다.

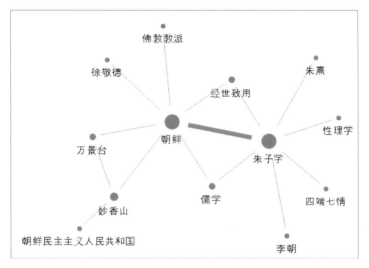

<그림 68> 철학 분야 1992년 이전 키워드 연결망 분석도

1992년 이전 철학 분야 키워드 연결망을 살펴보면 '조선'과 '주자학'이라는 중앙성이 높은 키워드를 중심으로 지식체계가 형성되고 있음을 알 수 있다. 그리고 중앙성이 높은 두 개의 키워드 간에 연결망 또한 강한 것으로 나타나 실선이 굵게 처리되고 있다. 보다 세밀하게 지식구조를 파악해 보면 조선-주자학-경세치용, 조선-유학-주자학으로 두 중앙성 키워드가 상호 연결망을 형성하고 있고, 주자학은 '주희', '성리학', '사단칠정', '이조'와 상호 연결되면서 의미 구조를 형성하고 있다. 아울러 조선이란 중앙성 키워드도 조선-만경대-묘향산이란 의미 구조를 형성하면서, '불교교파', '서경덕' 등과 연결성을 유지하고 있다. 본

키워드의 연결망을 통해 1992년 이전 철학 분야 지식 구조는 조선의 주자학이 대세를 이루면서 부분적으로 불교에 관심을 두는 형태로 나타나고 있다.

철학 분야 2012년부터(2012–2017년까지)[6]

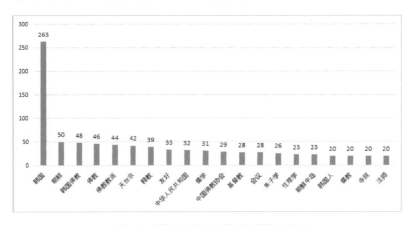

<그림 69> 철학 분야 1992년부터 키워드 분포도

1992년부터 2017년까지 철학 분야 키워드 빈도분석 결과를 살펴보면 이전 시기와 다르게 '한국'이라는 키워드의 빈도수가 263회로 가장 높게 나타났고, '조선'이라는 키워드는 50회 등장하는 데 그쳤다. 즉, 한국과의 교류 확대, 연구진의 교류, 상대국에 대한 이해가 확대되면서 관심 대상이 확대 재생산된 것으로 보인다. 이러한 해석은 이전 시기에 비해 다양한 종교 관련 키워드가 생성되고 빈도수가 높게 나타난 것에 바탕을 두고 있다. 이전 시기 유교와 불교 중심 키워드 생성에서 '기독

---

6) 문형진(2021: 297–317)을 수정·보완하였다.

교'라는 새로운 종교 키워드가 28회 등장하고 있는 점이 이러한 주장을 뒷받침해 준다. 아울러 불교에 대한 교류와 이해의 폭도 활발해져 '천태종'이 42회, '사원' 20회, '법사' 20회 등 좀 더 깊은 이해와 철학을 구가하는 측면으로 연구가 확대되고 있음을 알 수 있다. 한편 중국 불교의 한반도 영향과 교류도 주목받는 주제였기에 '우호'(33회), '중국불교협회'(32회), '회의'(28회)라는 키워드의 빈도수가 높게 나타난 것으로 보인다.

<표 38> 철학 분야 1992년부터 키워드 동시 출현 분포도

동시 출현 키워드1	동시 출현 키워드2	동시 출현 횟수
天台宗	佛教教派	41
佛教	釋教	39
佛教	韓國	33
釋教	韓國	32
韓國	中華人民共和國	28
天台宗	韓國	25
佛教教派	韓國	25
韓國	友好	25
韓國	會議	23
會議	友好	22
韓國	中國佛教協會	20
韓國	基督教	16
會議	中華人民共和國	15
會議	日本佛教	15
中華人民共和國	友好	15
友好	日本佛教	15
佛教教派	佛教	14
佛教教派	釋教	14
韓國	教區	14
韓國	教會	14

1992년부터 2017년까지 생성된 논문 속에 나타난 동시 출현 키워드를 분석해 보면 한국의 다양한 종교뿐만 아니라 불교 내 다양한 종파로 관심이 확대되고 있음을 알 수 있다. 이전 시기 유교와 주자학에 치우친 관심에서 불교 교파와 천태종의 키워드 동시 출현 횟수가 41회로 가장 높게 나타나고 있고, 불교-석교(39회), 한국-불교(33회), 한국-석교(32회) 키워드의 동시 출현 빈도수가 상위에 링크하고 있어 주 관심

<표 39> 철학 분야 2012-2017년 키워드 연결 정도 중앙성 분포도

연결 중심성 키워드	Degree Centrality
韓國	0.195652
中國佛敎協會	0.076087
釋敎	0.032609
佛敎	0.032609
法師	0.032609
敎會	0.032609
佛敎敎派	0.032609
天台宗	0.032609
友好	0.021739
异端	0.021739
基督敎	0.021739
道敎	0.021739
院長	0.021739
儒學	0.021739
栗谷	0.01087
中韓日	0.01087
會議	0.01087
本土化	0.01087
朝鮮半島	0.01087
韓國佛敎	0.01087

<표 40> 철학 분야 1992년부터 키워드 군집 분포도

키워드 군집 분포도	
僧人, 寺院, 佛敎敎派	46
韓國佛敎, 天台宗, 佛敎敎派, 寺院	39.143
韓國佛敎, 法師, 中國佛敎協會	34.5
韓國佛敎, 天台宗, 佛敎敎派, 中國佛敎協會	30.444
韓國, 友好, 會議, 佛敎界, 中華人民共和國, 日本佛敎	23.143
韓國, 友好, 會議, 釋敎, 佛敎, 中韓日	19.286
韓國, 友好, 中國佛敎協會, 佛敎, 釋敎, 中韓日	18.837
韓國, 天台宗, 佛敎敎派, 佛敎, 釋敎, 中國佛敎協會	18.837
韓國, 天主敎, 基督敎, 敎區	18.267
韓國, 天台宗, 佛敎敎派, 寺院	13.366
韓國, 法師, 中國佛敎協會	10.615

대상이 불교 쪽으로 옮겨간 것으로 보인다. 이러한 해석은 상위 20개 키워드 동시 출현 분포도에 유교 관련 키워드가 전혀 나타나지 않는 것에서 더 명확해진다. 불교 관련 부분에서 한국 불교와 일본 불교 사이의 교류와 전파에 관심을 가졌고(일본불교-우호 15회, 일본불교-회의 15회), 한국-기독교(16회)에 주목한 경우를 제외하고는 모든 동시 출현 키워드가 불교와 관련되어 있어 이러한 해석에 힘을 실어주고 있다.

1992년 이후 논문에 나타난 중앙성 키워드와 군집 분포도를 살펴보면 '한국'이란 키워드의 중앙성이 월등하게 높고 그다음으로 불교 관련 키워드(회의, 우호, 불교교파, 釋敎, 불교, 천태종, 한국불교)가 상위를 차지하고 있어 이전 시기와 달리 한국 불교에 대한 관심이 증폭한 시기라고 할 수 있다. 그 결과 한국 불교에 대한 다양한 키워드가 군집을 형성하며 지식 구조를 형성하고 있는 것으로 나타났다. 한국 불교를 이끌었던 고승에 대한 탐구(원측-조선-현장), 다양한 불교종파와 불경에 대한 관심(불교교파-천태종, 법화경-불교교파), 중국 불교의 일본 확산(중화인민공화국-일본불교, 한국-일본-중화인민공화국)이라는 키워드가 군집을 형성하고 있어 이러한 해석을 뒷받침해 주고 있다. 그리고 한국 종교의 다양성(한국-천주교-기독교)에 대한 관심과 그 역사(한국종교사-불교사)에 대해서도 관심을 갖고 연구를 진행한 것으로 보인다. 상기의 군집 분포를 통해 1992년 철학 분야 지식 구조는 한국 불교에 대한 다양한 연구를 바탕으로 일본 불교와 기독교에 대한 관심이 주류를 형성하고 있었던 것으로 판단된다.

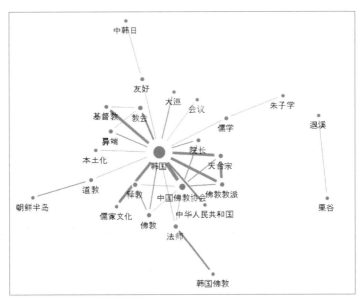

<그림 70> 철학 분야 2012-2017년 키워드 연결망 분석도

1992년 이후 발표된 철학 분야 논문 키워드 연결망을 분석해 보면 '한국'이란 키워드가 큰 원을 구성하면서 중앙에 위치하고 있고 나머지 키워드가 긴밀함을 유지하기도 하고 단순히 연결되기도 하면서 군집을 형성하고 있다. 먼저 중앙성 키워드 '한국'과 '천태종'이 굵은 실선으로 연결되어 긴밀성이 높은 것을 알 수 있고, 한국-불교교파, 한국-중국불교협회, 한국-유가문화, 한국-기독교 등도 긴밀한 연결망을 형성하고 있다. 한편 한국-천태종-불교교파와 한국-중국불교협회-불교, 한국-석교-불교 등의 형태로 지식 구조를 형성하고 있음을 알 수 있다. 한국 불교종파와 중국 불교와의 교류 등이 주 관심 대상이었고 연구가 활발하게 진행되었다는 방증이라고 할 수 있다. 또한 한국-교회-기독교-이단

이란 지식 구조도 나타나고 있어 한국 기독교에 대한 연구도 활발하게 진행되었음을 알 수 있다. 오른쪽에 퇴계와 이황이 상호 연결망을 형성하고 있으나 중앙성 키워드와 연결망을 형성하지 못하고 있고 독립적으로 존재하는 한계를 지니고 있다. 즉, 연구가 진행되었지만 의미체계까지 이루지는 못한 결과가 아닌가 생각된다.

제2절 학문 분야별 오피니언 리더 분석

1. 어문학 분야 오피니언 리더

언어 분야

<그림 71>은 언어 분야 오피니언 리더 상위 20위까지의 피인용지수를 정리한 그림이다. 가장 많이 인용된 것은 301회 인용된 中華書局出版『朝鮮時代漢語敎科書叢刊』(2005: 61) 이고, 그다음으로 263회 인용된 「韓國學生漢語語法偏誤分析」(肖奚强, 2000: 95-99)을 들 수 있다.

피인용지수가 높은 논문을 생산한 저자를 보면 肖奚强(263회), 孟柱亿(232회), 焦毓梅; 于鵬(169회), 高玉娟; 李宝貴(160회), 楊德峰(139회), 黃玉花(137회), 韓容洙(135회), 曹秀玲(129회), 金基石(114회), 張曉曼(114회), 施家炜(108회), 丁安琪; 沈蘭(108회), 黃玉花(100회), 柳英綠(93회), 劉紅英(90회), 王秀珍(88회), 馮麗萍; 胡秀梅(36회), 劉継紅(85회), 韓在均(84회) 등을 들 수 있다. 한어교육, 언어교육 과정에서

✓	篇名	作者	刊名	发表时间	被引
☑ 1	中华书局出版《朝鲜时代汉语教科书丛刊》	语言研究		2005-06-30	301
☑ 2	韩国学生汉语语法偏误分析	肖奚强	世界汉语教学	2000-06-15	263
☑ 3	韩国汉语教育的现状与未来	孟柱亿	云南师范大学学报(对外汉语教学与研究版)	2008-03-15	232
☑ 4	韩国汉语教育现状分析及发展前瞻	年玻梅; 卞鹏	长江学术	2010-07-15	169
☑ 5	韩国留学生汉语声调习得偏误的声学研究	高玉娟;李宝贵;	云南师范大学学报	2006-01-15	160
☑ 6	朝鲜语母语学习者趋向补语习得情况分析——基于汉语中介语语料库的研究	杨德峰	暨南大学华文学院学报	2003-12-30	139
☑ 7	韩国留学生的篇章偏误分析	黄玉花	中央民族大学学报	2005-09-15	137
☑ 8	韩国汉语教学概观	韩容洙	汉语学习	2004-08-15	135
☑ 9	韩国留学生汉语语篇指称现象考察	曹秀玲	世界汉语教学	2000-12-15	129
☑ 10	韩国汉语教材存在的问题及改进措施研究	张晓曼	社会科学战线	2007-11-25	114
☑ 11	韩国汉语教育史论纲	金基石	东疆学刊	2004-03-25	114
☑ 12	韩国留学生汉语句式习得的个案研究	施家炜	世界汉语教学	2002-12-15	108
☑ 13	韩国留学生口语中使用介词“在”的调查分析	丁安琪;沈兰	语言教学与研究	2001-11-25	108
☑ 14	韩国留学生汉语趋向补语习得特点及偏误分析	黄玉花	汉语学习	2007-08-15	100
☑ 15	韩汉语被动句对比——韩国留学生“被”动句偏误分析	柳英绿	汉语学习	2000-11-10	93
☑ 16	韩国学生汉语词汇使用偏误分析	刘红英	汉阳师范大学学报(社会科学版)	2004-05-30	90
☑ 17	韩国人学汉语的语音难点和偏误分析	王秀珍	世界汉语教学	1996-12-15	88
☑ 18	零起点韩国学生阳平二字组声调格局研究	冯丽萍;胡秀梅	汉语学习	2005-08-15	86
☑ 19	当代韩国汉语教育发展分析	刘银红	黑龙江高教研究	2005-03-30	85
☑ 20	韩国学生学习汉语“了”的常见偏误分析	韩在均	汉语学习	2003-08-15	84

<그림 71> 언어 분야 상위 오피니언 리더 분석도

발생하는 오류현상, 한어교육역사, 한어 발음 등 다양한 주제들이 상위에 위치하고 있다.

맹주억은 「韓國漢語敎育的現狀与未來」(2008: 30-36)에서 한국의 중국어교육이 날로 증가함에 따라, 중국어는 제2외국어 중에 가장 환영

받는 언어가 되었다면서, 대학이나 중고등학교 또는 초등학교를 막론하고, 중국어교육은 날로 보편화되어 가고 있다고 진단했다. 그러나 빠른 속도로 보편화하고 있는 동시에 빠르게 해결되어야만 하는 문제들이 자리 잡고 있는데, 교육관 문제, 학과창설 문제, 대학제도 문제, 중고등학생 교육참여 불균형 문제 그리고 교사 자질 여부, 교사자격시험에 대한 문제 등등이 있다고 밝히고 있다.

高玉娟·李宝貴은「韓國留學生漢語聲調習得偏誤的聲學硏究」(2006: 31-35)에서 어음학 실험 방법을 통해 한국 유학생의 중국어 4개 성조의 오류에 대한 성학 분석을 실시했다. 석봉교수의 성조격식이론을 채택해서 한국 유학생의 중국어 성조격식도를 만들었다. 그뿐만 아니라 그 성조격식도와 중국어의 성조 방식에 대해 비교 분석을 실시했다. 조장, 조역, 조형과 조질 등 여러 가지 방면에서 분석을 실시한 결과, 한국 유학생의 중국어 성조 표현오류를 찾아냈다.

楊德峰은「朝鮮語母語學習者趨向補語習得情況分析——基于漢語中介語語料庫的硏究」(2003: 20-31)에서 언어학 이론에 기초해 볼 때 한국 유학생의 문장 오류는 생략, 대조, 관련단어, 시간언어, 어휘응집 등 5개 종류로 나타난다고 보았다. 생략 오류는 주어 생략, 정어 생략을 포함하고, 대조 오류는 대명사 대조를 명사 대조로 착각하며, 관련어 오류에는 관련단어 생략과 관련어 조합 오류 그리고 관련어 사용 오류가 있다. 시간단어 오류에는 시간단어 생략, 시간단어 사용 오류가 있다. 그리고 어휘응집 오류에는 주로 단어 반복에 있다, 그중 생략 오류의 비중이 가장 높았고, 그다음으로는 관련어, 대조, 시간의 오류가 있었다고 기술하고 있다.

상기 그림에 나타난 '피인용지수 상위 20인'의 경우 다른 연구자들에 의해 많이 인용되고 있다는 점에서 언어 분야에서 가장 영향력이 높은 오피니언 리더라 할 수 있다.

문학 분야

<그림 72>는 문학 분야 오피니언 리더 상위 20위까지의 피인용지수를 정리한 것이다. 가장 많이 인용된 논문 3편의 경우 각각 26회 인용되어 피인용지수가 가장 높게 나왔고[「朝鮮古典文學中的中國傳統文化」(任曉麗・梁利, 2004: 106-111);「韓國文學接受中國文學影響的歷史」(洪瑀欽, 1999: 29-32);「中國詩話与朝鮮詩話」(蔡鎭楚, 1993: 50-61)], 다음으로 25회 인용된 「中國小說在朝鮮的傳播与接受」(崔溶澈・金芝鮮, 2007: 48-540)이 있다.

피인용지수가 높은 논문을 집필한 논자를 보면 任曉麗; 梁利, 洪瑀欽, 蔡鎭楚, 崔溶澈・金芝鮮, 楊昭全, 張伯偉, 陳蒲淸, 蔡美花・崔雄權, 金一, 朴宰雨, 劉艷萍, 鄭沃根, 徐東日, 張國風, 李時人, 張峰屹, 李圣華, 鄭沃根, 白承錫, 牛林杰 등을 들 수 있다.

任曉麗・梁利는 「朝鮮古典文學中的中國傳統文化」(2004: 106-119)에서 조선사회 사상발전과 변화의 역사는 실제로 포용성, 외국사상의 흡수, 토착 문화와의 통합의 역사라면서 조선 고전문학은 중국의 전통문화 사고를 바탕으로 발전하고 개선되었으며, 중국을 통해 조선으로 유입된 유교, 불교, 도교, 성리학, 실학사상 등이 조선 고전문학사상의 주류로 자리 잡았다고 주장하고 있다.

洪瑀欽은 「韓國文學接受中國文學影響的歷史」(1999: 29-32)에서 과거 조선시대 한문학의 형태와 내용은 중국문학과 아주 밀접한 관계를 가지고 있는데, 조선시대의 악부시, 삼국시대의 오언고시, 통일신라시

☑	篇名	作者	刊名	发表时间	被引
☑ 1	朝鲜古典文学中的中国传统文化	任晓丽; 梁利	解放军外国语学院学报	2004-07-25	26
☑ 2	韩国文学接受中国文学影响的历史	洪瑀钦	吉林师范学院学报	1999-04-30	26
☑ 3	中国诗话与朝鲜诗话	蔡镇楚;	文学评论	1993-10-28	26
☑ 4	中国小说在朝鲜的传播与接受	崔溶澈; 金芝鲜	华中师范大学学报 (人文社会科学版)	2007-01-27	25
☑ 5	中国古代小说在朝鲜之传播及影响	杨昭全	社会科学战线	2001-09-25	25
☑ 6	朝鲜古代汉诗总说	张伯伟	文学评论	1996-03-15	25
☑ 7	朝鲜高丽文学的审美理想与追求	蔡美花	东疆学刊	2006-03-15	22
☑ 8	论古朝鲜汉文诗与中国古典诗歌的相似特色	栾蒲清	湖南教育学院学报	1998-02-15	22
☑ 9	韩国鲁迅研究的历史与现状	朴宰雨	鲁迅研究月刊	2005-04-15	21
☑ 10	韩国小说在中国的传播与研究	崔雄权; 金一	东疆学刊	1999-10-15	21
☑ 11	韩国高丽文学对苏轼及其诗文的接受	刘艳萍	延边大学学报(社会科学版)	2008-08-20	20
☑ 12	明清小说在朝鲜	郑沃根	中国文学研究	2003-09-30	20
☑ 13	韩国所藏《太平广记详节》的文献价值	张国风	文学遗产	2002-07-20	19
☑ 14	朝鲜李朝时期:中朝两国诗歌文学之关联	徐东日	东疆学刊	1998-05-15	19
☑ 15	儒学东渐与韩国汉诗	张峰屹	中国文化研究	2007-05-28	17
☑ 16	论韩国诗人对明诗的接受与批评——以韩国诗话为中心	李岩华	中州学刊	2007-07-10	17
☑ 17	中国小说的传播与朝鲜初期儒教的统治	郑沃根;	延边大学学报(社会科学版)	2005-12-20	17
☑ 18	韩国高丽朝辞赋综论	白承锡	四川师范大学学报 (社会科学版)	2005-01-30	17
☑ 19	中国古代小说在韩国的传播和影响	李时人	复旦学报(社会科学版)	1998-11-25	17
☑ 20	杜诗对高丽、朝鲜文坛之影响	全英兰	杜甫研究学刊	2003-03-30	16

<그림 72> 문학 분야 상위 오피니언 리더 분석도

대의 근체율시와 변려문, 고려시대의 관도와 교도고문, 조선시대의 성리학과 실학사조의 문학 등 모두 한국문학이 중국문학으로부터 영향을 받았다는 구체적인 증거라고 하면서, 이러한 역사과정을 통해 볼 때, 한국인들은 선진문화에 대한 강한 열망을 가지고 있었으며, 수용 과정에서 한국인의 독립적인 정신과 창조적인 능력을 표출하였다고 언급하였다.

蔡鎭楚는「中國詩話与朝鮮詩話」(1993: 50-61)에서 일본 시와 마찬가지로 조선의 시도 중국 시에서 파생된 것인데, 조선시대에서 '시'라고 처음 쓴 것은, 조선왕조 성종 5년(1474년, 명나라 선종 10년) 서거정의 '동인시화'로, 중국 첫 번째 시집인 '육일시화'와 비교했을 때, 4백 년이나 늦게 쓰였다고 하였다. 한국의 고전 시, 시 이론, 시 미학연구에 있어 중국 시와 조선 시의 비교연구를 강화할 필요가 있다고 주장하였다.

崔溶澈·金芝鮮는「中國小說在朝鮮的傳播与接受」(2007: 48-54)에서 한국문학사에 가장 깊은 영향을 미친 중국 소설 4편『태평광기』,『전등신어』,『삼국연의』,『홍루몽』을 조선에서 수용하면서, 한국만의 독서문화와 가치관을 형성했다고 주장하고 있다.

상기 그림에서 살펴본 피인용지수 상위 20인이 생산한 논문의 경우, 다른 연구자들에 의해 많이 인용되고 있다는 점에서 문학 분야에서 가장 영향력 높은 오피니언 리더라 할 수 있다.

2. 역사철학 분야 오피니언 리더

역사 분야

☑	篇名	作者	刊名	发表时间	被引
☑ 1	论事大主义与朝鲜王朝对明关系	孙卫国	南开学报	2002-07-30	115
☑ 2	从周边视角来看朝贡关系——朝鲜王朝对朝贡体系的认识和利用	郑容和	国际政治研究	2006-02-25	112
☑ 3	试论朝鲜王朝尊明贬清的理论基础	孙卫国	史学月刊	2004-06-25	55
☑ 4	试论朝鲜王朝之慕华思想	孙卫国	社会科学辑刊	2008-01-15	51
☑ 5	中苏同盟、朝鲜战争与对日和约——东亚冷战格局形成的三部曲及其互动关系	沈志华	中国社会科学	2005-09-10	50
☑ 6	《朝天录》与《燕行录》——朝鲜使臣的中国使行纪录	孙卫国	中国典籍与文化	2002-03-30	48
☑ 7	试论入关前清与朝鲜关系的演变历程	孙卫国	中国边疆史地研究	2006-06-25	40
☑ 8	清代朝鲜使团贸易制度述略——中朝朝贡贸易之一	刘为	中国边疆史地研究	2002-12-15	39
☑ 9	从十七世纪初朝鲜内外局势看光海君的"两端外交"	李善洪	松辽学刊(社会科学版)	1996-02-05	38
☑ 10	朝鲜战争中中美决策比较研究	牛军	当代中国史研究	2000-11-25	37
☑ 11	试论毛文龙与朝鲜的关系	李善洪	史学集刊	1996-05-30	37
☑ 12	字小与国家利益:对于明朝就朝鲜壬辰倭乱所做反应的透视	蒋尚勋	社会科学辑刊	2008-01-15	36
☑ 13	韩国新乡村运动述论	朴龙洙	西南民族大学学报(人文社会科学版)	2011-04-10	35
☑ 14	论萨尔浒之战前后金与朝鲜的关系	刁书仁	清史研究	2001-11-30	35
☑ 15	中苏联盟与中国出兵朝鲜的决策——对中国和俄国文献资料的比较研究	沈志华	当代中国史研究	1996-09-25	35
☑ 16	陈树棠在朝鲜的商务领事活动与近代中朝关系(1883年10月—1885年10月)	权赫秀	社会科学研究	2006-01-15	34
☑ 17	从"北伐论"到"北学论"——试论李氏朝鲜对清朝态度的转变	刁书仁	中国边疆史地研究	2006-12-25	33
☑ 18	万历年间的朝鲜战争	樊树志	复旦学报(社会科学版)	2003-11-25	33
☑ 19	明代遣使朝鲜述论	王裕明	齐鲁学刊	1998-03-15	33
☑ 20	斯大林、毛泽东与朝鲜战争再议——根据俄国档案文献的最新证据	沈志华;	史学集刊	2007-09-15	32

<그림 73> 역사 분야 상위 오피니언 리더 분석도

상기 그림은 역사 분야 오피니언 리더 상위 20위까지의 피인용지수

를 정리한 것이다. 가장 많이 인용된 논문의 경우 115회 인용된 孫衛國의 「論事大主義与朝鮮王朝對明關系」(2002: 66-72)이고, 그다음으로 112회 인용된 鄭容和의 「從周邊視角來看朝貢關系——朝鮮王朝對朝貢体系的認識和利用」(2006: 72-87)을 들 수 있다.

피인용지수가 높은 논문을 생산한 저자를 보면 孫衛國, 鄭容和, 孫衛國, 孫衛國, 沈志華, 孫衛國, 孫衛國, 劉爲, 李善洪, 李善洪, 牛軍, 陳尙胜, 沈志華, 朴龍洙, 刁書仁, 權赫秀, 刁書仁, 樊樹志, 王裕明, 沈志華 등이 있다.

孫衛國은 「論事大主義与朝鮮王朝對明關系」(2002: 66-72)에서 조선왕조(1392-1910)는 명, 청 왕조에 주기적으로 사절을 파견했으며, 명·청 양 왕조도 사신을 조선에 파견하였다. 양측의 사절 왕래가 상당히 잦아 명·청 시기의 한중 외교를 '사행외교'라고 칭했다. 조선 사신이 귀국할 때마다 임금에게 보고하였는데, 출사 때 중국에서 보고 들은 것을 기록하는 서장관의 기록에 의거하여 임금에게 고하는 근거로 삼았다. 조선 사신도 시문을 즐겨 써서 파견 상황을 묘사했다. 조선은 명나라 조정을 '朝天'이라고 부르고, 청나라를 '연행'이라고 불렀다고 하였다.

刁書仁은 「論薩爾滸之戰前后后金与朝鮮的關系」(2001: 43-50)에서 사학계에서 후금과 조선과의 관계에 대해 중국 역사 자료가 적다는 이유로 연구하는 사람이 드물다면서 본 논문에서 조선 문헌을 이용하여, 조선 원병의 문제, 북한의 양자 외교 문제, 그리고 후금과 조선의 관계에 대한 관여를 명확히 하는 문제 등을 탐구하였다.

상기 그림에서 살펴본 피인용지수 상위 20인 가운데 가장 주목되는 연구자는 孫衛國으로 무려 5편의 논문이 상위에 랭크되어 있다. 역사 분야에서 가장 주목되는 오피니언 리더이다. 그리고 刁書仁도 2편의

논문을 피인용지수 상위에 위치시켜 영향력 있는 오피니언 리더라 할
수 있다.

철학 분야[7])

☑	篇名	作者	刊名	发表时间	被引
☑ 1	孔子学院发展模式问题探析——以韩国忠北大学孔子学院为例	李艳军	延边大学学报(社会科学版)	2009-10-01	37
☑ 2	儒学在现代韩国	楼宇烈	传统文化与现代化	1998-02-15	36
☑ 3	朝鲜儒学的本土化与民族化历程	梁宗华	中国哲学史	2005-11-25	27
☑ 4	儒教文化与韩国现代社会	张志鹏	同济大学学报(社会科学版)	2003-08-30	27
☑ 5	朝鲜朱子学的传播与思想倾向	王国良	安徽大学学报	2001-12-28	23
☑ 6	从韩国宗教的现实及其透视镜观察到的韩国文化	祖英楠	当代韩国	2006-09-30	22
☑ 7	韩国宗教的多元共存与韩国人的国民性格	朴钟锦	世界民族	2004-12-20	22
☑ 8	朝鲜初期性理学的发展	王鑫	东北亚论坛	2003-03-20	21
☑ 9	试论韩国儒学的特性	邢丽菊	中国哲学史	2007-11-25	20
☑ 10	中国古代和韩国古代的佛教舍利容器	杨泓	考古	2009-01-25	19
☑ 11	中国儒家传统文化对韩国社会发展的影响	郑凤高;荏顺先	延边大学学报(社会科学版)	2009-08-01	19
☑ 12	韩国近代社会的变迁与基督教	李正奎	延边大学学报(社会科学版)	2001-06-30	19
☑ 13	朝鲜王朝时期儒学思想的基本问题——以性理学和实学思想为中心	崔英辰;邢丽菊;	哲学研究	2006-04-25	18
☑ 14	韩国儒家伦理的特点	孙君恒	东疆学刊	2003-03-25	18
☑ 15	韩国宗教多元化的特点分析	朴钟锦	北京第二外国语学院学报	2004-12-30	17
☑ 16	儒学与当代韩国	潘畅和	当代韩国	1996-11-20	17
☑ 17	《朱子家礼》与朝鲜礼学的发展	张品端	中国社会科学院研究生院学报	2011-01-15	16
☑ 18	论韩国儒学的特性	李甦平	孔子研究	2008-01-25	16
☑ 19	朝鲜阳明学派的形成与东亚二国阳明学的定位	钱明;	浙江大学学报(人文社会科学版)	2006-05-05	16
☑ 20	孔子的人生哲学及其在韩国的影响	李顺连	华中师范大学学报(人文社会科学版)	2003-04-27	15

<그림 74> 철학 분야 상위 오피니언 리더 분석도

---

7) 문형진(2021: 297-317)을 수정·보완하였다.

상기 그림은 철학 분야 오피니언 리더 상위 20위까지의 피인용지수를 정리한 것이다. 가장 많이 인용된 논문의 경우 37회 피인용지수를 보이고[「孔子學院發展模式問題探析-以韓國忠北大學孔子學院爲例」(李艶軍, 2009: 62-65)] 있고, 그다음으로 樓宇烈의 「儒學在現代韓國」(1998: 11-20)이 36회 피인용되었으며, 梁宗華의 「朝鮮儒學的本土化与民族化歷程」(2005: 97-104)이 27회 인용되었다.

피인용지수가 높은 논문을 집필한 20인의 필자를 보면 李艶軍, 樓宇烈, 梁宗華, 崔志鷹, 王國良, 崔俊植, 朴鐘錦, 王麗, 李正奎, 邢麗菊, 楊泓, 鄭鳳霞; 張順興, 孫君恒, 崔英辰; 邢麗菊, 朴鐘錦, 潘暢和, 金東勛, 錢明,, 張品端, 李甦平을 들 수 있다. 李艶軍은 「孔子學院發展模式問題探析-以韓國忠北大學孔子學院爲例」(李艶軍, 2009: 62-65)에서 공자학원은 새로 만들어진 학원이므로 이미지를 끌어올릴 수 있도록 노력해야 하는데, 충북대 공자학원의 경우 자체 특성을 살려 보편적인 귀감이 되도록 노력하고 있다고 하였다.

梁宗華는 「朝鮮儒學的本土化与民族化歷程」(2005: 97-104)에서 조선 유학은 중국 유학의 전면적인 수용을 통해 한반도에서 현지화와 민족화를 달성한 후 삼국시대에 국가의 승인을 받아 널리 퍼져 나갔다. 유학이 한반도에서 뿌리를 내리고 조선사회의 중요한 정신 자양이 되었으며, 2천여 년 동안 여러 조선학자들의 꾸준한 노력을 거쳐 유학은 조선 문화의 일부가 되었다고 주장하였다. 鄭柄朝는 「韓國佛敎的思想特征-以新羅末期、高麗初期爲中心」(2007: 160-181)에서 한국 불교의 유래와 전파과정을 설명(고구려 372년, 백제 384년 전파되었고 신라는 527년에 불교를 정식 인정)하였다. 불교가 고구려와 백제에 전파될 때는 큰 지장을 받지 않았지만 신라에서는 이차돈의 순교를 거쳐 인정된

점이 눈에 띈다. 신라의 '육촌장' 정치권력 구조와 산천 숭배 등 기존 종교가 존재했기 때문에 불교 수용의 어려움이 컸다고 언급하고 있다.

상기 그림에서 살펴본 피인용지수 상위 20인이 생산한 논문의 경우, 다른 연구자들에 의해 많이 인용되고 있다는 점에서 철학 분야에서 가장 영향력 높은 오피니언 리더라 할 수 있다.

제3절 중국과 대만의 미시 지식 지형도 비교

중국과 대만의 미시 지형도 분석에서는 키워드 분석과 키워드 연결 망을 적극적으로 활용하도록 하겠다. 1. 중국과 대만의 분야별 연구 경 향 비교와 2. 중국과 대만의 시기별 연구 경향 분석에서 모두 상위 키 워드를 활용하여 비교 분석하도록 하겠다. 먼저 중국대륙의 상위 키워 드와 키워드 연결망을 통해 동시 출현 횟수와 군집 키워드를 추출하겠 고, 대만의 키워드 분석 부분에서는 전체 키워드를 먼저 살펴본 후 학 문 분야별로 세분화하여 어문학·역사철학으로 나누어 살펴보도록 하 겠다. 그리고 3. 중국과 대만의 연구 관점 비교에서는 중국과 대만의 한국학 연구에 나타난 공통점과 차이점을 비교를 통해 드러내 보도록 하겠다.

키워드 분석을 위해 중국대륙은 CNKI를, 대만은 TCI를 통해 한국 학 관련 논문을 검색했다. 영역별로 검색된 문헌의 서지정보를 다운로 드 받아 전체 키워드를 추출했다. 넷마이너 프로그램을 이용해 전체 키워드의 빈도분석을 진행했고, 그중 상위 20%에 해당하는 키워드를 분야별로 정리했다.

1. 중국과 대만의 분야별 연구 경향 비교

중국대륙의 분야별 연구 경향 분석

중국대륙 CNKI 문헌 분류는 10가지 대분류로 나누어져 있는데 그중 어문·역사·철학 분야에 해당하는 세부 분야(文藝理論, 世界文學, 中國文學, 中國語言文字, 外國語言文字, 地理, 史學理論, 世界歷史, 中國通史, 中國民族与地方史志, 中國古代史, 中國近現代史, 考古, 人物傳記, 哲學, 邏輯學, 倫理學, 心理學, 美學, 宗敎)를 선택해서 검색했다. 1992년부터 2017년까지 총 2,887편의 문헌이 검색되었다.

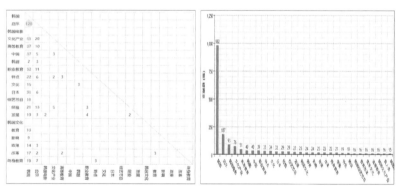

<그림 75> 핵심 키워드 동시 출현 횟수표   <그림 76> 상위 30위 키워드 빈도분석

어문학·역사철학 분야 상위 30개 키워드 빈도분석 결과를 살펴보면 한국이 305회로 가장 많이 언급되고 있고, 뒤를 이어 한국유학생(80

회), 한국어(75회), 한국유학생(47회), 한국문학(29회) 등이 주로 언급되고 있다. 이들 핵심 키워드 간 연결성을 보여주는 동시 출현 횟수를 살펴보면, 한국과 중국의 관계(12회), 한국의 영향과 한국유학생이 범할 수 있는 문법 오류(11회), 한국어와 중국어의 병행 언급(10회) 등이 상호 관련성을 갖고 언급되고 있다.

상기의 관점에서 보면 어문학·역사철학 분야는 한국과 중국의 관계 속에서 언어교육과 역사, 철학이 함께 연동되어 언급되고 있음을 알 수 있다. 즉, 언어 분야에서는 중국어 학습과정에서 발생할 수 있는 유학생들의 문법 오류, 양국의 역사관계, 철학적인 공통점 등이 주로 언급되고 있음을 알 수 있다.

어문학·역사철학 분야를 다시 언어·문학 분야와 역사·철학 분야로 세분화했다. 아래는 언어·문학 분야의 키워드 전체 연결망 그림이다.

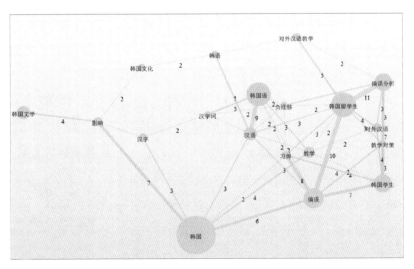

<그림 77> 언어·문학 분야 키워드 전체 연결망

어문학·역사철학 분야에서 가장 많이 인용된 논문으로는 언어 분야를 언급하고 있는 肖奚强(「韩国学生汉语语法偏误分析」, 『世界汉语教学』, 2000, 95-99)의 논문이다. 肖奚强은 남경사범대학 교수로 외국 학생들이 중국어를 사용함에 있어 범할 수 있는 실수와 잘못된 점을 분석하는 논문을 주로 작성하고 있다. 특히 한국 학생들이 주로 범하는 어법상의 오류를 분석하는 논문을 주로 작성하고 있으며 총 231회 피인용되었다. 그리고 두 번째로 많이 인용된 논문으로는 한국외국어대학교 중국어과에 재직하고 있는 맹주억 교수가 작성한 논문[「韩国汉语教育的现状与未来」, 『云南师范大学学报』(对外汉语教学与研究版), 2008, 30-36)]으로 운남사범대학 학보에 2008년 발표한 논문이다. 한국에서 중국어를 어떻게 교육하고 있고 이 과정에서 어떤 문제들이 주로 부각되고 있는지를 언급한 논문이다. 특히 필자는 중국어교육이 초중고뿐만 아니라 대학교에서 광범위하게 이루어지고 있지만 교재문제나 학과 설립문제 등 다양한 문제를 안고 있다고 서술하고 있다. 본 논문이 중국에서 많이 인용된 것(총 165회)은 한국에서 중국어를 어떻게 가르치고 있고 그 문제들이 무엇인지를 알고자 하는 연구자들이 많았기 때문으로 보인다.

<그림 77>은 언어·문학 분야 전체 키워드 연결망을 분석한 그림이다. 피인용지수에서 한국이 가장 많이 인용되고 있고 한국유학생과 한국어, 한국학생, 편오(偏误), 편오분석이 중간 거점을 형성하고 있다. 한국과 관련된 부분에서는 한국의 영향과 문법상의 오류 그리고 중국어와의 관계와 교학에 따른 여러 관련성이 주로 언급되고 있다.

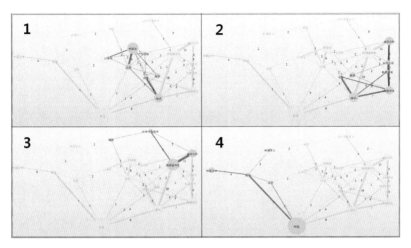

<그림 78> 언어·문학 분야 키워드 군집 연결망

한국어를 거점으로 한 키워드 군집을 세분화해 보면 중국어와의 관계, 교학 방법, 습득하는 과정에서 발생할 수 있는 문법상의 오류, 한국어와 한자에 대한 품사별 비교 등이 주로 다루어지고 있다. 그리고 한국을 거점으로 한 키워드 군집에서는 한국의 영향이 가장 많이 언급되고 있는데 그중에서도 한국문화와 한국문학이 많이 언급되고 있다. 아울러 한국 유학생과 한국 학생 키워드 군집에서는 한국 유학생을 대상으로 한 중국어교육과 그 과정에서 발생할 수 있는 문법상의 오류 등이 주로 언급되고 있다. 피인용지수가 높은 논문 중 총 160회 인용된 高玉娟·李宝贵의 논문(「韩国留学生汉语声调习得偏误的声学研究」, 2006)의 경우 云南师范大学学报에 게재되어 있는데, 青岛海洋大学과 云南师范大学은 논문 발표 상위 30위권 대학에 포함되지 않고 있어 학교의 발표 논문 편수와 피인용지수 간에 상관성이 불일치하고 있음을 알 수 있다.

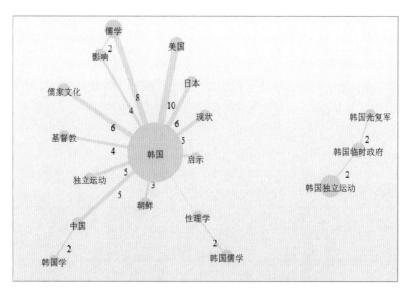

<그림 79> 역사·철학 분야 키워드 전체 연결망

　　역사·철학 분야 전체 키워드 간의 연결망을 살펴보면 한국과 미국 간의 연결선이 10회로 가장 많고 그 뒤를 이어 유학이 8회, 일본과 유교문화가 6회, 독립운동과 중국 등이 5회를 이루고 있다. 중국에서의 한국 역사철학 분야에 대한 연구 경향을 살펴보면 중국과 상호 연관이 있는 유학 부분과 성리학 부분 그리고 한국의 독립운동에 기여한 중국의 역할에 대해 주로 언급하고 있고 아울러 중국 내에서의 한국학 경향에 대해서도 관심을 갖고 서술하고 있음을 알 수 있다.

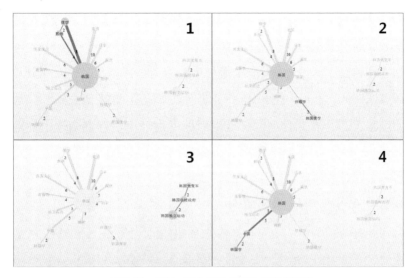

<그림 80> 역사·철학 분야 키워드 군집 연결망

역사·철학 분야 군집별 연결망 중 한국과 유학 그리고 그 영향 관계를 살펴보면, 邢丽菊(韩国 成均館大学 儒教文化研究所)이 작성한 논문(「试论韩国儒学的特性」, 『中国哲学史』, 2007)이 많이 인용되고 있는 논문들 중 한 편이다. 본 논문은 한국 유학의 성립과 발전, 사대부의 학파분화, 당쟁 등이 중국 주자학의 유입과 관련성이 있다고 기술함으로써 중국 연구자들이 한국 유학에 대해 유사성을 느낄 수 있도록 서술하고 있는 점이 강점이다. 한편 중국 내의 한국학과 관련해서는 李得春·刘娟이 작성한 「韩国学和中国的韩国学」(『东疆学刊』, 2006) 논문이 많이 인용되고 있는데, 이 논문은 중국의 한국학이 한국어에 대한 관심에서 출발하였고 한국과의 교류가 발전하면서 이 분야 또한 발전하였음을 언급하고 있다. 마지막으로 한국 역사 부분에서는 한국 독립운동과 중국과의 관계가 집중적으로 조명 받고 있다. 한국 독립운동을 다루고

있는 논문들 중 주목할 만한 논문으로 杨天石이 작성한 「蒋介石与韩国独立运动」(『抗日战争研究』, 2000)을 들 수 있다. 한국이 일본의 식민지가 된 이후 애국지사들이 중국으로 망명하여 항일운동을 하였고 이 과정에서 중국국민당의 영수 장개석의 도움을 받아 활동했음을 언급하고 있다. 즉, 다른 제국주의와 달리 중국이 한국의 독립운동에 도움을 주었고, 그 정점에 장개석이 있었음을 강조하고 있다.

대만의 분야별 연구 경향 분석

대만의 어문학·역사철학 분야 키워드 생성 현황을 살펴보면 경제경영이나 정치외교보다 빈도수가 낮음을 알 수 있다. 이러한 경향은 대만의 한국학이 인문학보다는 사회과학에 집중되어 있고 순수학문 분야보다는 실용적인 분야에 치중한 결과가 아닌가 생각된다. 어문학의 경우 중국보다 키워드 빈도수가 떨어지는데 그 원인은 중국에 있는 조선

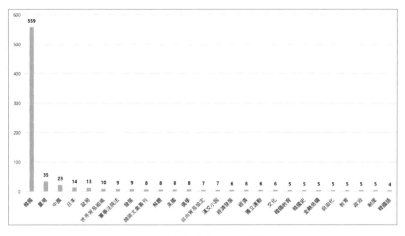

<그림 81> 대만의 상위 키워드 출현 빈도수

족이 대만에 존재하지 않으며 유학생의 연령과 규모에 있어서도 차이가 있어 나타난 현상이 아닌가 생각된다. 역사·철학 분야의 경우도 조선족들이 자신들의 이주사와 자신들이 직접 경험한 한국전쟁을 연구하는 것과 달리 대만에서는 직접적인 연관성이 없어 그 빈도수가 떨어지는 것으로 보인다. 아래는 대만 전체 영역 상위 키워드 분포도이다.

　대만의 상위 키워드 빈도분석을 살펴보면 한국이 559회로 압도적으로 출현 빈도가 높고 그다음으로 대만(35회), 중국(23회), 일본(14회) 등이 나타난다. 한국과 인접하고 있는 중국과 일본을 한국과 연관시켜서 바라보고 있기에 주변 국가명의 빈도수가 높게 나오는 것으로 보인다. 아울러 언어 분야에서는 한국어 키워드가 상위에 분포해 있고, 문학 분야에서는 한문소설이, 역사 분야에서는 독립운동과 한국사가, 그리고 종교 분야에서는 유학이라는 키워드가 상위 출현 빈도를 보이고 있다. 네 개 학문 분야를 대표하는 키워드의 상위 출현 빈도를 보면 대만에서의 어문학과 역사·철학 분야 논문이 고르게 발표되고 있는 것으로 나타났다. 학문 분야별로 세분해서 살펴보면 다음과 같다.

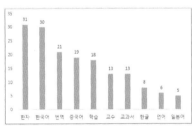

<그림 82> 언어 분야 상위 키워드 분포도　　<그림 83> 문학 분야 상위 키워드 분포도

　대만 어문학 분야 상위 키워드를 살펴보면 언어 분야에서는 한국 유

학생을 대상으로 한 중국어교육과 이 과정에서 발생하는 문법적인 오류 등과 관련된 논문이 많이 발표되고 있고, 한류 붐이 일면서 한글에 대한 관심이 증가하고 있다. 문학 분야에서는 중국과 관련 있는 한자소설과 문학작품과 관련된 연구가 집중적으로 진행되었다. 가장 주목할 연구자로는 林明德을 들 수 있는데, 그는 한국의 한문학·한문소설과 관련된 논문을 1년에 3편 이상 발표하였다. 그의 대표작으로 신라시대와 조선시대의 한문학을 다룬 「新羅時代以前的韓國漢文學」(1981, 『世界華學季刊』)과 「韓國李朝初期的漢文學」(1981, 『世界華學季刊』)이 있고, 한국한문소설과 중국의 관계를 집중적으로 조명한 「韓國漢文小說與中國之關係」(1980, 『世界華學季刊』)와 「韓國漢文小說與中國之關係─韓國漢文小說與中國倫理道德(1)」(1981, 『世界華學季刊』)이 있다. 그리고 중국유학사상의 전래와 그로 인해 형성된 문학세계(羅香林, 「唐詩的傳播於韓國」, 1967, 『東方雜誌』)에 대한 연구도 활발하게 진행되었다. 특히 조선시대 한국 성리학의 발달을 소개하면서 퇴계에 대해 조명하는 논문(曹先錕, 「韓國理學家李退溪簡介」, 1961, 『學粹』)도 발표되었다.

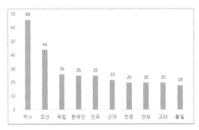

<그림 84> 역사 분야 상위 키워드 분포도   <그림 85> 철학 분야 상위 키워드 분포도

역사 분야를 살펴보면 한국의 독립과 한국전쟁과 같은 커다란 사건

을 중심으로 연구되고 있고, 현대사의 경우 한국의 민주주의와 통일에 대한 관심 등이 주류를 이루고 있다. 한국전쟁과 관련된 연구의 경우 1950년대부터 여러 연구자에 의해 지속적으로 연구되었는데, 가장 최초로 발표된 논문이 黎元譽가 작성한 「韓國戰爭爆發後之國際形勢」이다. 1950년 8월 實踐이란 학술지에서 한국전쟁 발발 후의 국제정세를 밀도 있게 다루고 있다. 이후 全漢昇이 「韓國戰爭與遠東經濟」(1951, 『財政經濟月刊』)에서 한국전쟁을 경제와 연관시켜 기술하고 있다. 그리고 한국 독립운동에 관심을 가진 학자도 있었는데 朴哲雄이 1955년 『大陸雜誌』에 「從世界和平看韓國的獨立與復興」을 최초로 발표하였다.

철학 분야를 살펴보면 상위 키워드에 유교와 불교, 도교 등 다양한 종교가 나타나고 있다. 이들 중 가장 많이 언급되고 있는 분야가 유교인데 관련 키워드로 공자, 주자, 효도, 윤리 등 많은 용어들이 등장하고 있다. 관련 논문으로 한국 유교와 성균관대학의 관계를 다룬 李元植의 「韓國的儒學與成均館大學」(1962, 『孔孟月刊』)이 있고, 한국 서원과 유교의 관계를 다룬 金相根의 「韓國書院與儒家思想」(1965, 『孔孟月刊』) 논문도 있다. 아울러 慧吉祥이 한국 불교를 소개(「韓國佛教概況」, 1955, 『海潮音』)하기도 하고 申東湜이 한국 선종의 발자취를 소개하는 논문(「韓國之禪宗與其宗旨演變概略」, 1965, 『慧炬』)도 작성되는 등 한국 종교와 관련된 논문들이 1950, 60년대 다수 발표되었다.

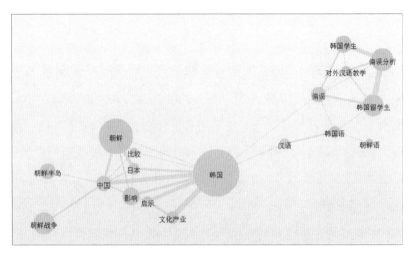

<그림 86> 어문학·역사철학 분야 키워드 간 연결망

　그리고 어문학·역사철학 분야의 피인용지수를 살펴보면 언어 분야와 역사 분야로 양분되고 있다. 언어 분야에서는 한국 유학생의 한어 사용 현황과 이들을 대상으로 한 한어 교육의 바람직한 방향과 그 문제점을 다루고 있으며 이와 더불어 한국어와 조선어가 부분적으로 언급되고 있다. 한편 역사 분야에서는 한국을 중심으로 일본과 중국 등 동아시아가 함께 언급되면서 상호 비교되고 있고, 중국을 정점으로 해서 한국전쟁과 중국의 영향 등이 포괄적으로 언급되고 있다.

　상기의 관점에서 보면 어문학·역사철학 분야의 키워드는 한국 유학생을 매개로 한 한어의 보급과 한국어 습득 그리고 한·중·일을 중심으로 한 역사의 현황과 논쟁점들이 주요 키워드를 형성하고 있다.

2. 중국과 대만의 시기별 연구 경향 비교

중국대륙의 한국학 시기별 분석

중국대륙의 한국학 시기별 분석의 경우 제3장 제1절 시기별 미시 지형도에서 살펴본 내용을 토대로 하여 1992년 한중 수교 이전 시기와 그 이후 시기로 나누어 살펴보도록 하겠다.

1992년 이전 시기 중국대륙의 한국학 연구 경향은 소수 조선족 연구자들이 관심 있는 자신의 연구 분야에 대해 논문을 생산하는 단계였다. 연구자 개인 차원의 지식에 머물러 있었고 집단적인 공유화가 이루어지지 못한 시기였다. 언어 분야의 경우 조선족들이 자신들이 사용하는 조선어로서 한글의 형태소와 계통, 음성과 음운의 원리 등을 연구하는 시기였다. 발표되는 논문 수도 많지 않았고 키워드의 생산성도 떨어졌으며 피인용지수 또한 높지 않은 단계였다. 문학 분야에서도 조선족들이 중국 사회주의라는 특수한 여건하에서 그 사상과 체제를 선전하고 옹호하는 작품에 관심을 갖고 있는 시기였다. 논문의 형식을 갖추고 있으나 당의 선전과 기관을 대변하는 글들이 주류를 이루고 있다. 구체적으로 살펴보면 중국문학작품의 영향을 다룬 작품과 사회주의 사상을 담은 문학작품, 반봉건을 기치로 내세운 작품, 그리고 북한과의 관계를 담고 있는 작품들이 주 연구 대상이었다.

역사 분야에서도 예외가 아니어서 현대사에서 조선족들이 직접 참여하거나 겪은 내용을 중심으로 살펴보는 시기였다. 한국전쟁 즉, 항미원조전쟁을 중점적으로 연구하였고, 그 과정에서의 북조선과의 관계 등을 중시하는 글들이 주를 이루었다. 문학 분야에서 반봉건주의 사상에 기반을 둔 문학작품에 관심을 기울였다면 역사 분야에서는 반제국주의를 강조하는 역사적인 사실에 관심을 기울였다. 미국, 영국, 일본 제국 주의에 대한 저항과 그 과정에서 보여준 인민들의 투쟁과 무용담을 칭송하는 시기였다. 철학 분야에서는 두 개의 분야, 즉, 유교와 불교라는 키워드를 중심으로 중국 유교의 수용과 발전이란 개념과 불교의 전파와 분화라는 관념을 가지고 중국문화의 수용에 방점을 두면서 연구했던 시기라 할 수 있다. 앞의 세 학문 분야에 비해 연구자가 적었고 논문량도 많지 않아 가장 침체된 분야였다.

1992년 한국과 중국 사이에 맺어진 한중 수교는 학문 분야에서도 커다란 변화를 가져왔다. 이전 시기에 비해 많은 연구기관과 학과가 설립되었다. 그 결과 많은 연구자들이 채용되면서 한국학을 본격적으로 연구 할 수 있는 여건이 조성되었다. 승진하거나 학위를 취득하기 위해 논문을 작성해야 했기에 논문량이 급격하게 증가하였다. 한국과의 교류 증가와 학술대회 개최, 한국 대학에 입학하여 학위를 취득하려는 학자들이 증가하면서 한국학 연구의 붐이 조성되었다. 점차 논문의 형식이 갖춰지기 시작했고 체제와 당을 찬양하는 단계를 넘어 순수학문을 다루는 논문들이 생산되기 시작했다. 북한과의 관계와 체제의 일체성에서 벗어나 남한의 연구 성과를 수용하고 변화에 적응하려는 시도가 점차 증가하였다. 1992년 이후부터 2000년대 초반까지는 중국대륙에서 한국학 연구가 가장 활발하게 진행된 시기였다. 개인적인 지식의 단계를 넘어 집단적인 지식의 단계에 이르렀다고 할 수 있다.

언어 분야에서는 한국 유학생을 대상으로 한 한어 교육과 그 과정에서 파행되는 문법적인 오류와 다양한 교습법과 관련된 논문이 대거 생산된다. 이전 시기의 조선어, 조어 등으로 표현되던 방식에서 한어(韓

語), 한국어라는 용어가 새롭게 등장하는 등 한국학 언어 분야가 활성화되는 시기였다. 문학 분야도 언어 분야와 마찬가지로 양적인 면에서나 질적인 측면에서 새롭게 도약하는 시기이다. 한국이란 용어가 새롭게 사용되고 중국의 영향을 받은 문학작품과 그 사조에 관심을 갖는 경향이 새롭게 나타났다. 물론 이전 시기와 같이 한국전쟁을 소재로 한 작품과 북한과의 연계성을 다룬 작품들도 있지만 한국의 소설과 시인 그리고 문학작품에 주목하는 경향도 대두되었다.

역사 분야에서도 한중 수교의 영향이 컸다. 한국과 한국 임시정부의 활약 그리고 독립운동을 다룬 작품들이 생산되기 시작하면서 이전 시기 북한의 연구 성과를 그대로 수용하는 단계에서 벗어나 한국의 연구 경향에 주목하는 현상이 대두하였다. 그러나 중국에서의 역사 연구가 사회주의와 당체제를 도외시하며 작성될 수 없기에, 사회주의체제를 강조하고 북한과의 혈맹을 강조하며 제국주의에 맞선 한국전쟁에 대한 연구는 여전히 지속되는 경향을 보인다. 다만 이전 시기와의 차이점이라면 사실에 입각해서 객관적으로 보려는 경향도 대두하고 있다는 점이다. 철학 분야에서도 연구의 폭이 확대되어 한국의 기독교와 천주교 등 종교의 다양성에 주목하는 경향이 나타나기 시작했다. 그리고 유교의 영향과 성리학 일변도의 연구에서 벗어나 한국 불교의 다양성과 일본 불교와의 관계 등 국제관계 속에서 한국의 종교를 바라보려는 경향도 나타났다.

종합하면 중국대륙에서의 한국학 연구는 1992년이라는 한중 수교를 기점으로 개인적인 지식수준에서 집단적인 지식수준으로 옮겨 가기 시작했으며 그 연구 경향도 좀 더 다양해지고 논문량도 팽창하는 한국학의 중흥기를 맞이한다. 그러나 한국과의 문화적인 충돌과 정치적인 갈

등을 거치면서 한국을 바라보는 시각이 바뀌게 된다. 부러움의 대상에서 시기의 대상으로 바뀌게 되고, 본받아야 할 대상에서 경쟁의 대상이자 극복해야 할 나라로 인식되면서 한국과 한국학, 한국인에 대한 인식이 이전 시기보다 많이 악화된다. 중국에서의 학문 경향이 당의 기조와 일반인들의 인식에 영향을 받기에 급속하게 팽창하던 한국학 관련 학과나 연구소의 설립이 줄어들게 되었고, 그 명칭에 한국이란 표현을 쓰는 것이 터부시되면서 한국과 한국문화에 대한 관심도 줄어들게 된다. 이러한 경향은 연구의 풍조와 그 성과에도 영향을 미쳐 최근 몇 년 동안 생산된 논문 수도 줄어들게 되고 키워드의 생산성도 떨어지면서 한국학이 일대 정체기를 맞이하게 된다. 그 결과 사회적 지식으로 발전하지 못하고 오히려 하락하는 국면에 처해 있다.

대만의 한국학 시기별 분석8)

대만의 한국학을 시기별로 나누어 연구 경향을 살펴보는 데 있어 가장 유용한 방법은 무었일까? 키워드를 활용한 분석이라 판단되어 상위 키워드 분포도를 중심으로 살펴보도록 하겠다. 1950년대와 1960년대는 대만에서의 한국학 연구가 처음 시작된 시기이므로 논문 편수가 적어 발표 논문 전체를 대상으로 연구 경향을 살펴보고, 1970년대부터는 본고에서 다루는 어문학과 역사·철학 분야로 한정하여 상위 키워드를 중심으로 대만의 한국학 연구 경향을 살펴보도록 하겠다.

---

8) 대만의 한국학 연구동향에 대해서는 김윤태의 논문 (「중국 지역의 한국학 현황」, 2006, 77~91)을 주로 활용했음.

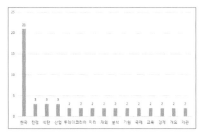

<그림 87> 1950년대 상위 키워드 분포도　　<그림 88> 1960년대 상위 키워드 분포도

　　먼저 1950년대 상위 키워드를 살펴보면 한국이 21회 출현하여 가장
많은 빈도수를 차지하고 있고, 그다음으로 한국전쟁의 빈도수가 높은 것
으로 나타났다. 특히 한국전쟁의 폐허 속에서도 농지개혁과 산업발전을
도모하는 모습에 관심을 기울이고 있고, 한국민족의 투쟁 의지와 저력을
평가하는 논문들도 작성되었다. 1950년대 대만의 한국학 연구 경향은
한국전쟁이라는 어려움 속에서도 노력하는 한국인과 한국사회에 대한
소개가 주종을 이룬 시기였다. 관련된 논문으로는 黎元譽(1950) 「韓國
戰爭爆發後之國際形勢」; 全漢昇(1951) 「韓國戰爭與遠東經濟」; 顏滄海
(1956) 「韓國的煤業事情」; 「韓國的土地改革(1953)」; 於桂洲(1954) 「南
韓修正後工商業稅之分析」 등을 들 수 있다.
　　1960년대 연구 경향을 살펴보면 한국의 유교와 한국의 불교, 한국의
문학과 한국 역사에 대한 개괄적인 내용이 주류를 이루고 있다. 즉, 한국
적인 종교와 문학 그리고 역사에 대한 근본을 알고자 하는 관심이 증폭
한 시기였다고 할 수 있다. 대표적인 논문으로 梁大淵(1968) 「韓國儒學
簡史」; 申東浯(1965) 「韓國之禪宗與其宗旨演變槪略」; 葉乾坤(1964) 「韓國
文學的濫觴」; 李迺揚(1960) 「韓國史大綱刊行代序」 등을 들 수 있다.

<그림 89> 1970년대 상위 키워드 분포도   <그림 90> 1980년대 상위 키워드 분포도

1970년대 가장 빈도수가 높은 상위 키워드로는 이전 시기와 같이 한국이 가장 많이 언급되고 있다. 그리고 다음으로 비교와 전쟁, 역사, 고대, 현대 등이 언급되고 있어 연구의 저변이 이전보다 확대되고 있음을 알 수 있다. 어문학 분야에서는 한국어의 특징[王俊(1978) 「韓國語的特徵」]과 한국어 부사 문형의 패턴을 연구하는 논문[王俊(1979) 「韓國語副詞語句—句型硏究」]이 작성되기 시작하였고, 문학 분야에서는 이전 시기의 한국문학에 대한 개괄에서 벗어나 1930년대 한국 신문학과 1970년대 한국문학 그리고 한국문학의 근대화를 언급하는 등 보다 구체적으로 한국문학을 살펴보려는 경향[陳伯豪(1973) 「論韓國三十年代新文學的流變」; 陳伯豪(1972) 「評:韓國七十年代文學」; 郭鍾元(1972) 「從韓國文學的近代化看中韓文化關係」]이 나타나고 있다.

역사 분야에서도 이전 시기의 한국전쟁 일변도에서 탈피하여 국제관계 속에서 한국의 침략 역사를 본다든지 한국전쟁을 다루더라도 지난 30년 동안의 한국 정치변화의 역사라는 관점에서 평화로의 전환이라는 발전적인 사고로 보려는 경향[國際現勢(1979) 「日俄侵略韓國歷史演變」; 國際現勢(1975) 「由戰爭到和平建設—韓國三十年來政治變遷史」]이 나타나고 있다. 마지막으로 철학 분야에서는 한국의 고대, 고려시대, 조선시대로 나누어 시대별 유교의 특징과 그 성격을 보려는 경향[蔡茂松 (1975) 「韓國古代的儒學」; 卓用國(1978) 「韓國高麗朝的敎育演變及其 受中國儒學的影響(提要)」; 金相根(1978) 「儒學在韓國李朝國敎化之過 程」]을 보이고 있다. 즉, 1970년대 대만의 한국학은 이전 시기의 개괄 적인 탐구에서 벗어나 보다 구체적으로 한국학을 연구하거나 탐구하려 는 경향을 띠고 있다.

1980년대는 대만에서 한국학이 가장 활발하게 연구되던 시기이다. 이에 다방면에서 연구가 심도 있게 진행되었다. 이에 본고에서 다루고 있는 어문학과 역사·철학 분야도 예외가 아니었다. 먼저 어문학 분야 부터 살펴보면, 번역에서 한글 사용의 문제점을 지적한 논문도 있고, 서체의 문제를 지적한 글도 있어 이 시기 번역 부분에 대한 논의가 활발 하게 진행[姜信沆(1989) 「洪武正韻譯訓的韓國語標音硏究」; 湯秀貞(1989 「整理韓國版漢籍之諸問題: 以內賜本的字體與版式爲探討重點」]되고 있 음을 알 수 있다. 문학 분야에서는 한국에서 중국문학이 어떻게 활용되 었고 변화되었는지를 신라시대와 조선시대 전·후기로 나누어 구체적으 로 살펴보고[林明德(1981) 「新羅時代以前的韓國漢文學」; 林明德(1981) 「韓國李朝初期的漢文學」; 林明德(1981) 「韓國李朝燕山士禍期的漢文學」] 있다. 아울러 문학 분야에서도 한국 내 중국 소설의 양상을 연구하면서 중국 소설에서의 중국 칭찬과 중국과의 관계 등을 조망하려는 연구가 시도[林明德(1981) 「韓國漢文小說與中國之關係—韓國漢文小說 '玉樓夢' 與中國的關係(2)」; 林明德(1981) 「韓國漢文小說與中國之關係(3)—中國 贊辭在韓國漢文小說」]되고 있다.

역사 분야에서는 주변국과의 관계사를 보다 심도 있게 보려는 경향 이 나타난다. 특히 일본이 한국사를 어떻게 연구하고 있는지에 대한 연

구가 다양하게 진행[李求鎔(1982) 「近十年來日本的韓國史硏究槪況
(一九七一~一九八〇)」; 井上秀雄(1982) 「一九八〇年日本的韓國史硏
究」; 田中俊明・原田環(1983) 「一九八二年日本的韓國史硏究」]되었다.
1970년대, 1980년대 등으로 구분하여 일본이 한국사를 연구하는 경향
까지 심도 있게 조망하고 있어 대만과 일본과의 관계 속에서 일본의 역
사 연구에 주목한 것이 아닌가 생각된다. 철학 분야에서는 중국 유교가
한국에 미친 영향과 그 관계성에 주목하면서 한국에 있는 공자 후손과
한국 내 현대 유교 교육, 그리고 유교가 미친 학교 교육 등에 대해 연구
[高明士(1982) 「韓國的孔廟與孔聖後裔」; 高明士(1982) 「韓國孔廟、學
校史蹟探訪記:中國文化普遍性的見證」; 沈佑燮(1985) 「韓國思想容受中
國思想的過程與發展—以高麗性理學的二大潮流爲中心」; 蔡茂松(1986)
「中國儒家學說與韓國現代的儒學敎育」]를 진행하였다. 그리고 한국 유교
의 발전 분야를 중국 사상과의 관계 속에서 찾으려는 노력까지 매우 다
양하고 심도 있게 연구가 진행되었다.

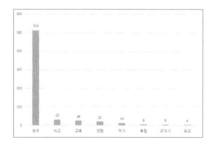

<그림 91> 1990년대 상위 키워드 분포도   <그림 92> 2000년대 상위 키워드 분포도

1990년대 들어 대만의 한국학은 한중 수교의 영향으로 이전보다 논

문량이 급감하게 된다. 1980년대 1,045편 발표된 데 비해 1990년대 들어 570편밖에 발표되지 않았다. 본고에서 살펴보고 있는 어문학과 역사·철학 분야도 예외가 아니어서 논문 발표 수가 줄어들었을 뿐만 아니라 키워드의 생산량까지 떨어져 침체기를 맞이하게 된다.

상위 키워드 빈도수를 보면 한국이 가장 높고(514회), 그다음으로 중국과의 비교(32회)와 중화 문화의 영향(21회) 그리고 역사(13회), 독립, 근대사 같은 역사 부분과 유교와 같은 철학 부분이 상위에 분포해 있다. 학문 분야별 연구 경향을 살펴보면 어학의 경우 한국어에 나타난 부정문을 연구하는 연구 정도[王俊(1990)「現代韓國語否定句句法研究」]에 그치고 있고, 문학의 경우도 한국에서의 중국문학 연구를 시대별로 나누어 연구하던 이전 시기의 활성화와 달리 대만, 일본, 한국의 시를 비교하거나 중국 신시대 소설과 한국 전후 소설을 비교하는 연구, 그리고 한국 학생들의 석·박사 논문에 나타난 중국학 비교연구와 같은 비교문학[具常(1995)「東亞現代詩─臺灣、日本、韓國的詩比較小考」; 牛林杰(1998)「中國新時期小說與韓國戰後小說的比較研究─以傷痕小說和探索小說爲中心」; 繆正西(1998)「南韓留華學生的中韓漢學比較研究探討─以碩、博士論文爲中心」]이 그나마 활발하게 연구된다.

역사 분야에서는 한국과 대만이라는 비슷한 조건하에서 겪게 되는 역사적, 정치적인 현상을 비교하는 경향이 나타난다. 예를 들면 일본 제국주의를 경험했던 상황이나 민주정치의 정착과정 비교 그리고 국가와 언론의 관계 등을 비교하는 논문[周婉窈(1994)「從比較的觀點看臺灣與韓國的皇民化運動(一九三七至一九四五)」; 倪炎元(1995)「威權政體下的國家與媒體: 南韓與臺灣經驗之比較」; 黃德福·牛銘實(1995)「政黨體系與民主政治的鞏固: 臺灣和南韓的比較」] 등을 들 수 있다. 또한 한국 근대사를 연구하는 경향이 나타나 한국 근대에 발생한 사건과 분쟁, 그리고 논란거리를 집중적으로 조망하기도 한다. 아울러 한국에서 행해진 중국 연구를 소개하는 글들도 작성[詹卓穎(1992)「韓國近代史之研究」; 詹卓穎(1993)「韓國近現代史爭點」; 詹卓穎(1994)「簡析「韓國近現代史爭點」(創刊集)」; 吳金成(1993)「近十年來韓國的中國近現代史研究」]된다.

종합하면 1990년대 대만의 한국학 연구 경향은 이전 시기보다 침체된 경향을 보인다는 점이다. 이에 어문학과 역사·철학 모든 분야에서 논문 발표 수가 급감한다. 이런 가운데서도 한국과 대만을 비교하여 시사점을 얻으려는 경향과 국제관계 속에서 한국을 바라보려는 경향이 두드러진 시기였다고 할 수 있다.

2000년대 743편이 발표되어 1990년대 570편보다 늘어났지만 1980년대(1,045편)를 회복하지 못하였고, 그 결과 대만의 한국학이 정체되는 양상을 나타낸다. 어학 분야에서는 제2외국어 관점에서 한국어교육을 바라보는 경향이 대두했고, 중국어를 배우는 유학생이 증가함에 따라 이들을 대상으로 한 교수법에 대해서도[柯秉儒(2009)「韓國學生學習華語語音之對比分析與教學策略」]관심이 증가하고 있다. 문학 분야에서는 한국 민족문학가 백락청의 문학세계와 그의 문학이론을 소개하는 연구물이 나타남과 동시에 한국에서 중국문학이 어떻게 연구되고 있는지에 대해 그 연구 경향과 번역 현황을 소개하는 논문[李旭淵(2008)「白樂晴與韓國之民族文學論以及分斷體制克服運動」; 崔末順(2008)「韓國民族文學論的建構及其焦點: 以白樂晴的民族文學論爲中心」; 朴宰雨(2005)「韓國的中國現代文學研究與翻譯的現況」; 吳淳邦(2007)「韓國中國語文學研究現況」]이 나타났다. 이전 시기 한국의 소설과 시 등을 단순하게 언급하거나 중국의 영향을 다루던 경향에서 벗어나 한국을 대표하는 현대 작가의 작품세계를 심도 있게 조망하거나 한국에서의 중국문학 연구 경향을 분석하는 단계로 발전하게 된다.

역사 분야에서는 한국이 중국에 미친 영향과 중국이 한국에 미친 영향을 동시에 살펴보려는 경향이 나타난다. 즉, 3.1운동에 대한 관심이 증가하여 5.4운동 시기 중국 지식인의 한국관 변화와 3.1운동이 대만에 미친 영향 등에 대한 연구가 진행됨과 동시에, 중국 국민당이 한국 독립운동에 미친 영향도 함께 살펴보고[詹卓穎(2002)「三一運動對韓國的影響與五四運動對臺灣的影響」; 朴明熙(2001)「五四時期中國知識分子對韓國觀的轉變—以一九一九年韓國‘三一運動’的影響爲分界」; 石源華(2002)「戰時中國國民黨援助越南與韓國獨立運動的比較研究」] 있다. 철학 분야에서는 유교가 한국에 미친 영향에 대해 이전 시기와 같이 지속적으로 관심을 가지고 있다. 즉, 한국 유교학의 최근 경향을 전망하면서도 유교가 한국 현대사회에 미친 영향을 분석하는 논문들이 지속적으로 생산[洪正根(2008)「最近韓國儒學研究的主要動向」; 吳錫源(2009)「最近韓國的儒學研究動向與分析」(2007年10月~2008年9月); 金飛煥(2003)「儒教在韓國現代政治中的意義」; 楊祖漢(2005)「從當代儒學觀點看韓國儒學的重要論爭’自序」]되고 있기 때문이다. 아울러 한국 불교에 대해서도 관심이 있어 동아시아의 불교에서 한국의 역할과 의의를 살피기도 하고, 한국 중세 선불교에 대해서도 연구물들[Lancaster, Lewis R.(2000), 'The Role and Significance of Korean Son in the Study of East Asian Buddhism']이 생산된다.

종합해 보면 2000년대 대만 한국학은 논문량에서는 1980년대에 미치지 못하지만 한국을 대표하는 작가에 대한 관심과 한국 3.1운동이 중국사회에 미친 영향을 탐구하는 경향도 새롭게 나타난 시기라 할 수 있다. 그렇다고 해서 중국의 영향과 중국문화의 우월성에 대한 연구가 감소한 것은 아니지만 한국이 중국사회에 미친 영향도 살펴보려는 경향이 나타났다는 점에서 의미 있는 시도라고 평할 수 있다.

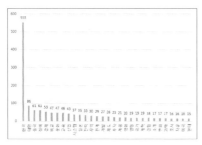 

<그림 93> 2010년대 전체 키워드 분포도　　　<그림 94> 2010년대 상위 키워드 분포도

　　2010년대 대만의 한국학 연구 경향을 살펴보면 논문 수에 있어서는 이전 시기와 비슷하나 키워드 분포에 있어서는 보다 다양성이 나타나는 시기라고 할 수 있다. 2010년대의 경우 가장 최근에 해당하므로 전체 키워드 분포를 먼저 살펴본 후 어문학과 철학 분야 키워드 분포를 보도록 하겠다. 전체 키워드 분포 경향을 살펴보면 경제·경영과 국제관계를 나타내는 키워드가 많고 상대적으로 인문학과 관련된 분야가 소략함을 알 수 있다. 경제·경영의 경우 '경제'(53회), '산업'(43회), '시스템'(37회), '무역'(30회), '개발'(27회), '제도'(26회), '투자'(23회) 등이 있고, 국제관계의 경우 '중국'(61회), '일본'(35회), '미국'(16회) 등이 있어 한국학 연구 경향이 사회과학과 국제관계에 치중되어 있음을 알 수 있다. 또한 다른 나라 사례를 연구하거나 분석해서 시사점을 얻으려는

논문들도 다수 작성되었다. 예를 들면 비교(47), 경험(17), 변화(17), 소개(17)의 키워드가 여기에 해당된다고 할 수 있다.

그렇다면 어문학과 역사·철학 분야의 상위 키워드 분포는 어떨까? 전체 키워드에서 인문학 관련 키워드는 문화(47회), 교육(46회), 계몽(21회), 영화(20회), 조사(16회) 등이 상위에 랭크하고 있는데 문화와 교육, 한류산업 등이 주를 이루고 있다. 본고에서 살펴보고 있는 어문학과 역사·철학 분야는 상대적으로 소략하여 네 개 학문 분야를 따로 추출하여 키워드 분포도를 살펴보고자 한다. <그림 94>는 2010년대 어문학과 역사·철학 분야 상위 키워드 분포를 시각화한 것이다. 어문학 분야에서는 한국어(15회), 한자(9회), 한글(4회), 소설(9회), 문학(9회) 등이 보이고, 역사·철학 분야에서는 역사(13회), 고대(6회), 근대(5회), 독립(4회), 유교(10회), 철학(5회) 등이 나타나고 있다.

관련 분야 논문을 통해 구체적으로 살펴보면 언어 분야의 경우 한글이 만들어진 배경과 소리글자로서의 특징을 다루는 논문[蔣爲文(2010) 「'訓民正音'語文政策與韓國文字之崛起」]들과 한글 학습자를 대상으로 한 문법적인 오해를 구체적으로 밝히거나, 한국어 학습자를 위한 교재와 교수법을 소개하는 글[李京保(2013) 「臺灣人韓國語學習者文法誤謬分析—國立高雄大學校學習者對象」]들이 작성되었다. 아울러 한국어의 세계화를 위해 한국이 취하고 있는 정책적인 노력을 소개하는 논문[游娟鐶(2011) 「韓國文化政策中 '韓語世界化'的推動與展望」; 閔賢植(2010) 「韓國語文政策研究動向課題」]들도 작성되었다. 문학 분야에서는 일반문학 작품에 대한 관심도 있지만 한국 인터넷 소설 산업의 발전과 한국 다문화 문학과 같은 현대 출현 문학 분야와 산업화의 가능성을 살펴보는 실용적인 문학에 대한 관심[張秀蓉(2017) 「韓國1970年

代小說中傷痕記憶的考察—析論趙世熙的'侏儒射上的球」; 馮建三(2017)
「網路小說與中國特殊性—評謝奇任 '致我們的青春: 臺灣、日本、韓
國與中國大陸的網路小說產業發展」; 金周英(2015) 'New Horizon for
Interpretation of Multicultural Literature in Korea: Centered on Multicultural
Imagination Shown in Son Hong-gyu's Novel and Ha Jong-
oh's Poetic Literature']이 나타난 시기이다.

역사 분야에서는 한류의 영향으로 TV나 영화 속에 나타난 역사콘텐
츠를 활용한 분야에 대한 관심이 나타난 시기[葉寶玉(2017) 「韓國K-
POP之發展研究」; 何寶籃(2017) 「影視文本中歷史意識的重構與轉變: 以
韓國電影中的 '光州事件'爲例」; 邵磊(2018) 「韓國歷史電視劇研究的展
開」]라고 할 수 있다. 철학 분야에서는 한국 유교의 근본을 연구하는
경향이 있는가 하면 한국 현대사회에서 유교가 어떻게 적용되고 있는
지에 대한 탐구도 진행된 시기[劉雲超(2015) 「安東的儒家文化遺存與
韓國 '周易'精神—安東歷史文化考察漫」; 鄭仁在(2010) 「韓國現代實學
者爲堂鄭寅普的實心思想」; 張元碩(2014) 'Topical Review of Confucian
Philosophy Research in Korea, 2009-2012: Embracing the Ambiguity of
Confucianism']라고 할 수 있다.

3. 중국과 대만의 연구관점 비교 분석

중국과 대만은 비슷한 점도 많지만 다른 점 또한 존재한다. 인구의
규모에서도 차이가 있지만 그 인적 구성에 있어서도 다른 점이 있다.
그리고 체제 또한 사회주의와 민주주의를 표방한다. 한국과의 관계에
있어서도 대만이 오랫동안 한국과 친교를 유지한 반면 중국은 한중 수

교 후 국교가 형성된다. 지리적으로도 한반도와 국경을 마주하고 있는
가 하면, 다른 한쪽은 멀리 떨어져 있다. 가까운 듯하면서도 멀게 느껴
지고 마냥 친할 수만도 없는 중국과 대만의 한국학에 대한 연구관점은
어떠했는지 그 공통점과 차이점을 가지고 비교해 보도록 하겠다.

먼저 공통점에 대해 살펴보면 첫째, 중국과 대만 모두 한국에 영향
을 미친 분야를 중점적으로 연구하고 있다. 예를 들면 언어 분야의 경
우 한자가 미친 영향과 그 관계 속에서 한글을 보려는 경향이 있고, 문
학 분야에서는 중국 한자문학의 영향을 받아 발달한 한국의 한문소설
에 관심이 많다. 역사 분야에서도 항미원조전쟁과 임시정부 그리고 국
민당 정부가 도움을 준 한국 독립운동 등을 집중적으로 연구하고, 철학
분야에서도 유교의 영향과 그 변용을 탐구하려는 경향이 있다. 둘째,
자국과 한국을 비교하는 경향이 강하다. 물론 시기마다 학문 분야마다
비교의 대상과 관점이 다르지만 한국과 비교하려는 경향은 공통적으로
나타난다. 한중 수교 이후 중국에서는 한국을 알기 위해 자국과 비교하
였고, 2000년대 들어와서는 경쟁의 대상으로 비교하였으며 최근 들어
서는 자신들의 발전에 만족감을 느끼는 대상으로 여기는 경향이 있다.
반면, 대만의 경우 제국주의로부터 침략을 받은 공통점이 있고, 폐허
속에서 경제를 이룩한 공통점이 있으며 일본과의 관계에 대한 시사점
을 얻기 위해 한국과 비교하려는 경향이 있다. 즉, 중국과 대만은 각기
자국의 이익을 위해 한국을 탐구하고 한국학을 연구하는 공통된 견해
를 보인다.

반면, 그 차이점을 살펴보면 첫째, 한국학 연구 경향에 차이가 있다.
중국의 경우 자신들이 영향을 준 부분에 대해 관심이 많은 반면, 대만
은 한국학을 통해 시사점을 얻으려 하고 있기 때문이다. 한중 수교 직

후 중국에서는 한국과의 경제적인 격차와 문화수준 차이가 존재함에도 불구하고 애써 전통시대에 자신들이 많은 사상과 문화 등을 전파해 주어서 오늘날의 발달된 한국이 존재할 수 있었다는 사실을 강조하려는 경향이 있었다. 그러나 이후 중국의 경제력이 발전되고 미국과 자웅을 겨룰 수 있게 되자 본심을 드러내게 된다. 현재 자국 영토 안에 있는 고대국가의 역사를 자국사로 편입한다든지, 전통시대의 세시풍속이나 생활문화를 자국에서 파생된 것으로 간주하려는 경향을 보이고 있다. 이러한 시각의 기저에는 중화사상이 자리 잡고 있어 자신들이 문화의 중심이고 주변부는 자국문화에 예속되어 있다는 관념이 자리 잡고 있기 때문으로 보인다. 대만의 경우도 자국중심관이 없는 것은 아니지만 한국의 법과 금융제도, 주변국과의 관계 등을 연구하여 자국의 정책에 반영하려는 경향이 두드러져 보다 실리적인 측면이 강하다고 할 수 있다. 중국에서는 명분을 더 강조한 반면 대만에서는 실용성을 더 추구한다는 차이가 있다.

둘째, 관심 있는 연구 분야에 대한 차이가 존재한다. 중국에서는 인문학과 사회과학이 어느 정도 균형 있게 연구되고 있는 반면 대만에서는 월등하게 경제·경영 분야를 집중적으로 연구하고 있다. 이러한 경향의 차이는 중국의 한국학과나 한국 관련 연구소의 출발이 어문학 중심으로 출발한 데 기인한다고 볼 수 있다. 즉, 1950년대 신설된 한국 관련 학과들의 경우 외교적인 통역자의 양성 차원에서 설립되었기 때문에 언어 분야 전공자들이 필요하게 되었고 뒤이어 이들이 연구소를 설립하고 소장을 맡으면서 이러한 경향은 한중 수교 때까지 지속되었다. 이에 채용되는 사람들도 해당 분야 전공자들이 주류였고 이들이 생산하는 논문도 인문학 분야에 치우쳐 있었다고 볼 수 있다. 반면, 대만의 경우 경제발전을 하는 데 있어 한국의 정책적인 부분과 여러 사회적인 시스템들이 자국의 정책을 수립하고 시행하는 데 참고하려고, 이 방면에 치중하여 관심을 갖는 경향이 있었다. 바로 이러한 차이가 한국학과 관련된 연구 논문의 분야별 차이로 이어졌다고 생각된다.

셋째, 한국학 연구 발전과정에 차이가 있다. 대만에서의 한국학 연구가 1980년대에 활발하게 진행된 반면 중국에서는 1992년 한중 수교후 발전기를 맞이한다. 약 10년간의 차이를 두고 순차적으로 한국학이 발전했음을 알 수 있다. 한국과 대만은 중화민국 시기부터 가까웠다. 당시 중국 통치자였던 장제스가 대한민국 임시정부의 독립운동을 적극 지원해 주었고, 그 인연으로 1948년 수교를 맺은 이후 40여 년 동안 우호관계를 형성하고 있었다. 그러나 1988년 들어서는 노태우 정부에 의해 북방정책이 추진되면서 공산권 국가들과 우호관계를 적극 추진하였고, 그 과정에서 한중 수교가 논의되면서 양국 관계에 금이 가기 시작했다. 노태우 정부는 1988년 중화인민공화국에 대해 이전에 사용하던 중공이란 명칭 대신 중국이란 호칭을 사용함으로써 중국대륙의 정통국가로 인정하기 시작했다. 이러한 변화에 대해 대만의 항의도 있었으나 대세를 거스를 수는 없었다. 헝가리, 폴란드 등 공산권 국가들과의 수교를 시작으로 1990년 소련과 수교를 맺으면서 노태우 정부는 적극적으로 북방외교정책을 실현하고 있었다. 사실 중국과 먼저 수교를 맺고자 했으나 북한과 대만을 상호 의식하면서 양국이 관계 형성을 주저하고 있었다. 그러나 중국이 천안문 사태를 겪으면서 난국을 타개할 필요가 있었고, 노태우 정부 또한 임기 내 북방정책을 완수하고자 하는 의지가 있었기에 난관을 극복할 수 있었다. 대만에서의 한국학 발전과 쇠퇴는 이렇듯 한중 관계의 영향을 받을 수밖에 없었다. 일본 제국주의 침

탈을 받은 후 아시아의 네 마리 용으로 함께 경제 번영을 이루었고, 자본주의를 공유한 우방이었으나 경제를 앞세운 냉혹한 국제관계 속에서 양국 관계가 변할 수밖에 없었고, 한국학의 연구는 이러한 정치적인 환경에 영향을 받게 된 것이다. 반면, 중국에서는 한중 수교 후 한국에 대한 우호적인 분위기가 형성되었고 배우고자 하는 열기도 있었기에 한국학이 붐을 이루게 된다. 한중 수교 후 약 20여 년간 지속된 이러한 열기로 인해 많은 논문들이 양산되었고 한중관계가 진일보하는 계기가 되었다.

넷째, 지식확산 구조에 차이가 있다. 대만의 경우 1970년대를 지나 1980년대 들어 많은 양의 논문이 생산되면서 개인지식의 단계를 거쳐 집단지식 단계에 이르게 된다. 그러나 1980년대 말 한중관계 개선의 기미가 보이고 1992년 한중 수교가 맺어지자 한국학에 대한 관심과 연구 성과가 급감하면서 사회지식 단계로 발전하지 못한다. 중국의 경우 1950년대부터 논문 발표가 시작되지만 근 40년 동안 소수의 연구자들에 의해 연구되는 수준에 머물러 있었다. 1992년 한중 수교는 한국학이 발전하는 계기가 되었다. 한국과 한국인에 대한 많은 관심이 한국학 붐을 형성하는 계기가 되었다. 이전 시기 개인적인 지식에 머물러 있던 한국학이 한중 수교를 거치면서 집단지식의 단계로 발전한다. 그러나 2010년대 들어 한국과의 관계가 소원해지자 한국학에 대한 관심도 줄어들게 된다. 그 결과 대만처럼 사회지식 단계로 발전하지 못하고 있다. 논문량의 감소와 새로운 키워드의 생산성 감소 그리고 피인용지수의 감소가 이를 대변해 준다.

다섯째, 조선족 존재 여부의 차이를 들 수 있다. 중국은 56개 민족으로 형성된 나라다. 조선족은 그중 한 민족으로 동북 3성에 거주하면서 중국인으로 살아가고 있다. 자신들의 자치구를 형성하고 독립된 언어를 사용하면서 한민족의 생활문화를 계승해 오고 있다. 이들에게 있어 한민족의 생활습관과 언어 등은 자신들의 것이요, 계승의 대상이기에 연구할 필요성이 있었다. 소학교부터 대학교까지 민족교육을 시행하고 있기에 자연스럽게 연구자가 양산되면서 자신들의 삶을 연구할 기반이 갖춰져 있었다. 이에 한국학이 발전할 기반을 가지고 있었고 이러한 자산이 한중 수교를 거치면서 한국학이 발전할 수 있는 동력으로 작용했다. 물론 발전된 모국이 주변에 있기에 한국학이 발전할 수 있었다는 견해도 있으나 조선족의 존재는 중국에서 한국학이 발전하는 큰 기폭제로 작용하게 된다. 반면, 대만의 인적 구성은 본성인과 외성인의 결합체로 조선족이 존재하지 않았다. 이에 한국학의 뿌리가 한국에 대한 관심이나 한국과의 연계성, 유학생들을 교육하는 대만인들로 한정되어 있다. 이들에게 한국문화와 한국어는 연구의 대상이지 삶 그 자체는 아니다. 이에 중국에서 수교 전이었음에도 불구하고 많은 한국 관련 논문이 생산되면서 한국학의 기저가 유지될 수 있었던 반면 대만에서는 조선족이 존재하지 않기에 한중 수교로 유학생이 감소하고 관계가 소원해지자 어문학 분야 논문량이 급격하게 감소하는 경향을 보인다. 즉, 상황 변화에 쉽게 노출된 구조라고 할 수 있다.

여섯째, 중화주의와 실용주의를 들 수 있다. 중국인들은 자국 중심관을 가지고 있다. 모든 사상과 문화의 중심에 중국이 있고 그 주변국에 영향을 미쳤다고 생각한다. 이러한 관념은 중국 안에서도 한족과 소수민족을 구분하는 경계로 작동했다. 동이, 서융, 남만, 북적의 개념은 한족을 중심에 두고, 주변 민족을 터부시한 관념에서 생성되었다. 오랫동안 변화를 거치면서 형성된 중화사상이 중국인들의 사고체계와 행동양식에 영향을 미쳤음은 주지의 사실이다. 이에 중국인들은 주변국의 발전이 자신들의 도움하에 이루어졌다는 생각을 유지하고 있다. 한중 수교 이후 한국의 발전상에 대해 부러움을 가지고 있었으나 자신들의 도움을 받아 발전했다고 애써 위안 삼았다. 그러나 이러한 관념도 자국의 경제가 발전하고 G2 국가로 미국과 자웅을 겨루게 되자 한국에 대한 태도와 한국학을 바라보는 관점이 바뀌게 된다. 부러움과 본받아야 하는 대상에서 경쟁과 극복의 대상이 된 것이다. 중화민족주의가 다시 부활하게 되었고 한국학은 주변학으로 밀려나게 되었다.

대만인들도 중화사상에서 자유롭지 않다. 그러나 대만은 한국과의 오랜 친교를 유지해 오고 있었고, 적은 인구와 좁은 땅 그리고 처한 상황과 국제관계 등을 고려하여 한국의 경험을 활용하려는 경향이 강했다. 왜냐하면 미국과 단교 후 한국은 자신들과 대사관계를 유지하고 있는 가장 규모가 큰 나라였기 때문이다. 아시아에서 대등하게 다른 나라와 대사의 신분을 유지하면서 국제 위상을 유지할 수 있었기에 한국은 붙잡아야 하는, 관심을 가져야 하는 대상이었다. 이에 한국의 경제적인 상황이나 일본과 중국과의 국제관계, 금융위기를 극복하는 과정 등이 모두 연구의 대상이었고 그 과정 속에서 시사점을 얻으려고 하였다. 바로 이런 지리적, 국제적, 상황적인 차이점이 중국과 달리 실용적인 학문을 유지하는 계기가 되었을 것으로 생각된다. 이로 인해 대만에서 생산되는 논문들의 경우 순수 인문학보다는 경제와 경영 분야가 주류를 이루고 있다. 국제관계 속에서의 한국을 바라본다든지 자국과 비교하는 논문 경향은 이런 관점을 반영한 결과라고 할 수 있다.

중화권 한국학 지식 지형도 구축 및 정책적 함의

- 제5장에서는 중화권의 한국학 지식 지형도 구축 과정을 종합적으로 살펴보는데 그 목적이 있다. 두 절로 나누어 살펴보되, 1절에서는 그동안 살펴본 한국학 지식 지형도 구축과정을 시대별, 분야별로 정리하고자 한다. 그리고 2절에서는 한국학 정책을 제언하면서 결론에 대신하고자 한다.

- 한국학의 시대별 형성과정에서는 한중 수교 전 후 변화된 논문양과 상위 키워드 변화, 피인용지수 변화에 주목한 후 이를 토대로 지식 확산 모델 도식화를 시도 하겠으며 중국과 대만의 지식 지형도 또한 지식 확산 모델로 구체화 하겠다.

제1절 한국학 지식 지형도 구축

　본 절에서는 중화권 한국학 지식 지형도 구축에 대해 논문량의 변화와 키워드의 변화 그리고 피인용지수의 변화를 통해 살펴보고자 한다. 논문량의 변화를 통해 한국학 관련 논문이 생성되는 단계를 거쳐 발전하다가 정체되거나 줄어드는 과정을 설명하겠으며, 키워드 변화 부분에서는 한중 수교 전후 키워드의 변화 양상이 지식 지형도에 어떻게 작용하는지 살펴보겠다. 마지막으로 피인용지수 변화를 통해 한국학이 집단지식 단계를 거쳐 사회지식으로 발전하고 있는지 여부를 규명해 보도록 하겠다. 그리고 상기에서 살펴본 내용을 종합하여 한국학 지식 지형도를 도식화 하도록 하겠다.

1. 시대별 형성 과정과 변화

1) 논문량 변화(1992년 전/후)

한국학 관련 논문의 생성 정도를 살펴보면 정도의 차이는 있지만 비슷한 패턴을 보인다. 1992년 한중 수교 전까지는 매년 적게는 1, 2편 많아도 10편 내외에 머무는 정도에 불과했다. 그러다가 수교를 통해 두 나라의 관계가 밀접해지고 인적 접촉이 증가하자 한국에 대한 관심뿐만 아니라 한국학에 대한 관심도 증가하여 논문 발표 수가 급증하게 된다. 그러나 한중관계의 밀접도와 관심 정도가 2010년대에 접어들면서 이전 시기보다 줄어들게 되자 한국학 관련 논문 발표 수도 점차 감소하게 된다. 그 구체적인 변화 과정을 살펴보면 다음과 같다.

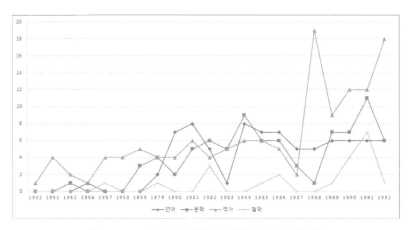

<그림 95> 1992년 이전 어문학, 역사철학 분야 논문량 분포도

상기 <그림 95>는 1992년 한중 수교 전의 논문 발표 수를 언어, 문학, 역사, 철학으로 세분화하여 그 분포도를 그림으로 나타낸 것이다.

네 분야 모두 수교 전까지 연평균 발표 논문 수가 10편 내외에 머물러 있다. 가장 많이 발표된 역사 분야도 연평균 3.8편 발표되는 정도였고, 그다음으로 문학 분야와 언어 분야가 2.7편과 2.5편으로 비슷하게 발표되었다. 철학 분야는 가장 작아 1년에 1편 정도(연평균 1.6편) 발표되는 정도였다. 네 분야 모두 소수의 연구자들이 자신의 전공 분야에서 관심 있는 부분을 논문으로 작성하는 개인적인 지식 단계에 머물러 있었음을 알 수 있다. 첫 논문이 발표된 시점부터 1992년까지 40년 정도의 기간임에도 불구하고, 논문 발표 총수가 역사 분야 155편, 문학 분야 109편, 언어 분야 101편, 철학 분야 21편으로 나타나 한국학이 태동하고 생성되는 단계였다고 할 수 있다.

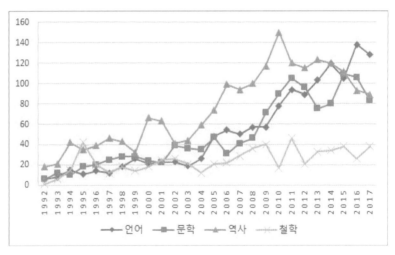

<그림 96> 1992년 이후 어문학, 역사철학 분야 논문량 분포도

1992년 한중 수교가 맺어진 후 한국학 관련 논문 발표 수가 상기의

그림에서 보는 바와 같이 급증하게 된다. 수교 전과 비교하여 괄목할 만한 성장이라 할 수 있다. 이에 이전 시기가 한국학의 생성기였다면 수교 후 2010년대 중반까지를 발전기라 칭할 수 있다.

네 개 학문 분야로 나누어 살펴보면 역사 분야의 경우 1993년 21편이던 것이 1994년 42편으로 증가하였고, 2001년에는 66편으로 증가하였다가 2010년 150편으로 정점에 도달하게 된다. 철학 분야도 1995년 42편으로 증가한 후 2011년 46편으로 가장 많은 편수가 발표된다. 그리고 문학 분야의 경우도 1996년 20편이던 것이 2002년 39편으로 늘어났고, 2010년 105편을 거쳐 2015년 가장 많은 109편이 발표된다. 마지막으로 언어 분야도 1993년 8편에서 출발하여 1994년 15편으로 증가하고 2006년 54편에 도달한 후 2016년 138편으로 정점에 도달하게 된다. 정도의 차이는 있지만 2010년대 초부터 중반인 2016년까지 연평균 발표 논문 수가 최대치에 도달함을 알 수 있다.

그러나 2010년 초 혹은 중기를 거치면서 한국학 관련 논문 발표 수가 점차 줄어들게 된다. 중국의 발전에 따른 관심 저하, 한국과의 정치적인 마찰과 경쟁에 따른 견제심리 작동, 한국학 관련 학과와 연구소의 정체 등이 맞물리면서 한국학 관련 논문량이 줄어든 것으로 보인다. <그림 96>에서 보듯이 문학 분야의 경우 2015년을 기점으로 그래프가 하향으로 향하고 있고, 철학 분야도 2011년 이후 수년에 걸쳐 정체기를 보이고 있으며, 역사 분야도 2010년을 정점으로 계속 발표 논문 수가 줄어들고 있다. 이렇듯 한국학 관련 논문 발표량이 수년간에 걸쳐 줄어들고 있기 때문에 결코 일시적인 현상이라 치부할 수 없으며, 이후로도 이러한 현상이 지속될 것으로 보인다. 이에 본고에서는 이 시기를 한국학의 정체기 내지 하향기로 보고자 한다.

한국학 관련 논문 발표량을 통해 살펴보면 수교 전 개인적인 지식에 머물렀으나, 수교 후 지속적으로 한국학 관련 논문이 증가함으로 인해 집단지식의 단계로 발전하게 된다. 그러나 2010년 초·중반을 거치면서 논문 발표량이 정체되거나 줄어들면서 어문학과 역사·철학 분야 한국학 발전 동력이 약화되고 있는 것으로 보인다.

2) 상위 키워드 변화(1992년 전/후)

어문학 분야

<표 41> 언어 분야 상위 20 키워드 분석

구분	개수	키워드
중복 키워드	6	朝語, 朝鮮語, 阿爾泰語系, 朝鮮, 漢字詞, 語音
연관 키워드	2	漢字音 → 漢字, 漢語
신설 키워드	12	韓國, 韓國語, 韓語, 韓國人, 韓國留學生, 韓國學生, 偏誤, 偏誤分析, 敎學, 對外漢語敎學, 漢語敎學, 韓國語敎學

<표 42> 문학 분야 상위 20 키워드 분석

구분	개수	키워드
중복 키워드	7	朝鮮, 作家, 詩人, 文學, 小說, 中華人民共和國, 詩歌
연관 키워드	2	小說 → 漢文小說, 詩歌 → 詩話
중국 영향 관련 키워드	7	影響, 魯迅硏究, 比較, 漢詩, 杜詩, 接受, 中華人民共和國
신설 키워드	4	韓國, 韓國文學, 韓國人, 朝鮮民主主義人民共和國

상기의 <표 41>과 <표 42>는 언어 분야와 문학 분야 상위 20개 키워드가 1992년 수교를 기점으로 어떻게 변화되고 있는지를 표로 나타낸 것이다. 중복 키워드는 수교 전과 동일하게 연구되고 있는 부분이

고, 연관 키워드는 단어가 정확하게 일치하지는 않으나 연관성이 있다고 판단된 키워드이며, 신설 키워드는 새롭게 연구되고 있는 분야를, 그리고 중국 영향 관련 키워드는 중점적으로 연구되고 있는 부분을 추출한 것이다.

언어 분야에서는 '조선어'란 표현으로 한글을 연구해 오다가 수교 후 '한국어'란 표현이 새롭게 등장하고 한국 유학생이 중국에 많이 들어가면서 이들을 대상으로 한 '한어교육'과 그에 따른 오류 등이 새롭게 연구 대상으로 부각되고 있다. 문학 분야에서도 수교 이후 새롭게 키워드가 등장하고 있지만 언어 분야보다는 그 규모가 작음을 알 수 있고, 주 관심 대상이 중국이 한반도에 영향을 미친 문학 분야에 집중되고 있는 것으로 나타났다. 즉, 한중 수교 후 '한국', '한국인', '한국문학'이란 용어가 새롭게 사용되고 있지만, 주 관심 대상이 중국이 한반도에 미친 영향이란 점을 알 수 있다.

<표 43> 언어 분야 1992년 전/후 상위 키워드 비교

연도	조선어/조어/조선/조선민주주의/ 김일성/북조선/조선문	한국/한국어/한국어수학/한국인/ 한국유학생/한국학생/남조선
1956	조어1, 조선어1	
1964	조선1	
1965		
1977	조어2, 조선어2	
1978	조어3, 조선어3	
1979	조어1, 조선어1, 조선문1	
1980	조어5, 조선어5	
1981	조어7, 조선어7, 조선2	
1982	조어5, 조선어5, 조선1	
1983	조어1, 조선어1	
1984	조어7, 조선어7, 조선문1	

연도	조선어/조어/조선/조선민주주의/ 김일성/북조선/조선문	한국/한국어/한국어수학/한국인/ 한국유학생/한국학생/남조선
1985	조어6, 조선어6, 조선1	
1986	조어4, 조선어4, 조선1, 조선민주주의1	
1987	조어3, 조선어3, 조선3	
1988	조어4, 조선어4, 조선1, 조선문1, 조선민주주의1	
1989	조어1, 조선어1, 조선3, 북조선1	남조선1
1990	조어4, 조선어4, 조선1, 김일성1, 북조선1	
1991	조어6, 조선어6, 조선1	남조선1
1992	조어4, 조선어4	
1993	조선어1, 조선3, 조어1	한국4, 한국어1, 한어1
1994	조선어4, 조선1, 조어4	한국7, 한국어1, 한어2, 한국유학생1
1995	조선어3, 조선3, 조어3, 조선문1	한국4, 한국어1, 한어2, 한국어수학1, 한국한어수학1
1996	조선어5, 조선2, 조어5, 조선문1, 조선민주주의1	한국1, 한국어5, 한어5, 한국인5, 한국유학생2
1997	조선어4, 조선2, 조어4, 조선민주주의1	한국3, 한국어1, 한어1, 한국인1
1998	조어4, 조선어4, 조3선3	한국2, 한국어3, 한어3, 한국인2, 한국인유학3, 한국학생2, 한국어수학1
1999	조선어5, 조선4, 조어5	한국5, 한국어7, 한어6, 한국인2, 한국유학생1
2000	조선어3	한국6, 한국어2, 한어2, 한국인1, 한국유학생3
2001	조선3	한국6, 한국어3, 한어4, 한국유학생1
2002	조선어1, 조선2	한국4, 한국어4, 한어8, 한국인1, 한국학생3, 한국한자3
2003	조선어1, 조선1, 조어1	한국4, 한국어2, 한어3, 한국유학생2
2004	조선어6, 조선4, 조어4	한국5, 한국어2, 한어1, 한국유학생1
2005	조선어3, 조선1, 조어1	한국4, 한국어9, 한어5, 한국학생8, 한국어교육2
2006	조선어9, 조선2, 조어4	한국4, 한국어6, 한어3, 한국유학생8, 한국어전용1, 남조선1

연도	조선어/조어/조선/조선민주주의/ 김일성/북조선/조선문	한국/한국어/한국어수학/한국인/ 한국유학생/한국학생/남조선
2007	조선어1, 조선3	한국5, 한국어5, 한국어수학2, 한국인1, 한국유학생6, 한국학생3
2008	조어1, 조선어6, 조선6	한국13, 한국어1, 한국인1, 한국유학생4, 한국학생1
2009	조어2, 조선어3, 조선3	한국3, 한국어6, 한국어수학1, 한국인2, 한국유학생4, 한국학생3
2010	조어1, 조선어4, 조선4	한국11, 한국어5, 한국어수학1, 한국유학생8, 한국학생2
2011	조어6, 조선어8, 조선8	한국12, 한국어10, 한국어수학2, 한국인1, 한국유학생7, 한국학생4
2012	조어3, 조선어4, 조선4	한국11, 한국어10, 한국어수학2, 한국유학생6, 한국학생3
2013	조어3, 조선어10, 조선10	한국8, 한국어11, 한국어수학2, 한국인1, 한국유학생8, 한국학생6
2014	조어3, 조선어13, 조선1	한국14, 한국어6, 한국인1, 한국유학생6, 한국학생8
2015	조선어9, 조선2	한국13, 한국어9, 한국인3, 한국유학생6, 한국학생6
2016	조선어19	한국12, 한국어3, 한국어수학3, 한국유학생13, 한국학생6
2017	조선어5	한국1, 한국어3, 한국어수학1, 한국인1, 한국유학생1

상기의 <표 43>은 언어 분야 상위 키워드 중 한국과 북한을 나타내는 대표적인 키워드 각 7개를 추출하여 연도별 출현 빈도를 살펴본 것이다. 1992년 수교 전까지는 북한과 관련 있는 용어들이 집중적으로 등장하고 있으나, 수교 후에는 한국과 관련된 용어들이 새롭게 활용되고 있음을 알 수 있다. 관련 용어의 출현 빈도에 있어서도 한국 관련 용어의 사용 빈도가 증가하고 있는 것으로 나타난다. 이를 통해 보면 한중 수교가 중국대륙에서의 한국학 연구에 커다란 기점으로 작용했음을 알 수 있다.

역사철학 분야

<표 44> 역사 분야 상위 20 키워드 비교 분석

구분	개수	키워드
중복 키워드	10	朝鮮, 日本, 北美洲, 美利堅合衆國, 美國, 朝鮮戰爭, 北朝鮮, 中華人民共和國, 軍隊, 朝鮮半島
연관 키워드	7	朝鮮人民 → 朝鮮人, 高麗王朝 → 朝鮮王朝, 朝鮮戰爭 → 毛澤東, 志愿軍, 蘇聯, 蘇維埃社會主義共和國聯盟, 軍隊
한국전쟁 관련 키워드	12	北美洲, 美利堅合衆國, 美國, 朝鮮戰爭, 北朝鮮, 中華人民共和國, 軍隊, 朝鮮半島, 毛澤東, 志愿軍, 蘇聯, 蘇維埃社會主義共和國聯盟
신설 키워드	3	韓國, 韓國獨立運動, 韓國臨時政府

상기의 <표 44>와 아래 <표 45>는 역사 분야와 철학 분야의 상위 키워드 20개가 한중 수교를 전후로 어떻게 변화하고 있는지를 비교한 것이다. 역사 분야의 경우 '한국', '한국독립운동', '한국임시정부'라는 키워드가 새롭게 등장하고 있으나, 수교 전에 중점적으로 다루어졌던 '한국전쟁' 관련 부분이 여전히 주 관심 대상으로 연구되고 있는 것으로 나타났다.

<표 45> 철학 분야 상위 20 키워드 비교 분석

구분	개수	키워드
중복 키워드	10	朝鮮, 朱子學, 儒學, 性理學, 儒敎, 佛敎敎派
연관 키워드	9	佛敎敎派 → 韓國佛敎, 佛敎, 佛敎敎派, 天台宗, 釋敎, 友好, 中國佛敎協會, 寺院, 法師 朝鮮, 朝鮮后期 → 朝鮮半島
중국 영향 관련 키워드	14	韓國佛敎, 佛敎, 佛敎敎派, 天台宗, 釋敎, 友好, 儒學, 中國佛敎協會, 會議, 朱子學, 性理學, 儒敎, 寺院, 法師
신설 키워드	3	韓國, 基督敎, 韓國人

그리고 철학 분야 또한 '한국', '한국인', '기독교'라는 키워드가 새롭게 활용되고 있으나, 전 시기와 마찬가지로 유교와 불교에 관심이 많은 것을 알 수 있다. 아울러 문학 분야와 같이 중국이 전파해 준 문화나 종교 현상에 천착하고 있는 것으로 보인다. 즉, 중국의 한국학은 수교 후 한국과 한국의 학문 분야에 관심이 증가하고 있으나 중국에 의해 수용된, 중국이 전파해 준 문화 현상에 집중하는 경향이 있는 것으로 나타났다.

정리하면 수교 전 시기의 관심 분야를 지속하면서도 중국의 전파나 영향으로 발전한 한국의 학문현상에 주목하고 있다. 아울러 키워드의 신설 정도가 계속 증가하지는 못하고 이전 시기의 반복이거나 연관 정도에 머물고 있어 확장성이 떨어지는 것으로 나타났다. 한국의 발전된 문화나 사회현상에 대한 연구나 탐구보다는 중국의 입장에서 한국을 바라보는 제한성이 그대로 적용되는 한계를 노정하고 있다.

3) 피인용지수 변화

어문학 분야

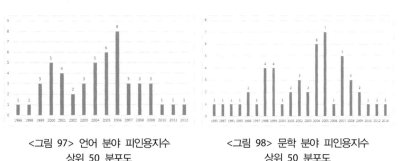

<그림 97> 언어 분야 피인용지수 상위 50 분포도   <그림 98> 문학 분야 피인용지수 상위 50 분포도

상기 <그림 97>과 <그림 98>은 어문학 분야의 상위 50개 피인용지

수를 도식화한 것이다. 피인용지수는 한국학이 집단지식 단계를 거쳐 사회지식으로 발전하는 지표라는 점에서 매우 주목해야 하는 요소다.

먼저 언어 분야를 살펴보면 2006년에 피인용지수가 가장 높게 나타난 이후, 2007년에서 2009년까지 정체기를 보이다가 2010년 이후 보다 하락하는 현상을 보인다. 이러한 그래프 변화는 언어 분야 논문의 확장성이 점차 떨어지고 있음을 암시하는 것이므로 큰 의미가 있다고 생각된다.

아울러 문학 분야 논문들도 2005년 가장 높은 피인용지수를 보인 후 지속적으로 감소하고 있다. 피인용지수란 타 연구자들에 의해 그 논문의 시사성과 가치 그리고 필요성을 인정받는다는 측면에서 보면 최근 몇 년 동안 주목할 만한 논문이 생성되고 있지 못함을 의미한다. 피인용지수가 높을수록 집단적인 지식으로 채택되어 한국학이 재구성되는 단계에 진입함으로써 사회적인 지식으로 발전한다는 점에 착안한다면 어문학 분야의 경우 재구성되지 못하고 집단적인 지식단계에 머물고 있는 것이 아닌가 생각된다.

역사철학 분야

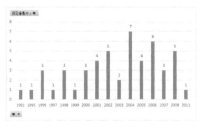 

<그림 99> 역사 분야 피인용지수   <그림 100> 철학 분야 피인용지수
상위 50 분포도   상위 50 분포도

상기 그림은 역사 분야와 철학 분야 상위 50개 피인용지수를 그래프화 한 것이다. 먼저 역사 분야를 살펴보면 2004년 피인용지수가 정점을 이루다가 편차가 있지만 지속적으로 하락하는 것으로 나타난다. 근 10여 년 동안 주목할 만한 논문이 발표되고 있지 못함을 의미한다. 즉, 다른 연구자들에 의해 공감을 불러일으키는 선도적인 연구가 진행되지 못한 결과라는 점에서 주시해야 하는 요소라고 생각된다.

철학 분야도 예외가 아니어서 2006년을 정점으로 지속적으로 하향하고 있다. 2009년 주목도가 상승하기도 하지만 이전을 회복하지 못하고 있고 이후에는 보다 하락하는 현상을 보인다.

지금까지 중국대륙의 어문학과 역사철학 분야에 대한 피인용지수 변화 현상을 분포도를 통해 살펴보았다. 최근 10여 년 동안 4개의 학문 분야에서 피인용지수가 모두 하락하고 있어서 한국학이 재구성 단계에 진입하지 못하고 있는 것으로 판단된다. 한중 수교 이후 많은 학과와 연구소의 설립, 그에 따른 연구자의 충원 등으로 연구의 여건이 개선됨으로써, 많은 논문이 생산되었지만, 해당 학문 분야를 선도하는 피인용지수가 높은 논문이 발표되지 않음으로써 한국학이 사회적인 지식단계로 발전하지 못하고 있는 것으로 판단된다.

2. 분야별 지식확산 모델 도식화

어문학과 역사·철학 분야 지식 지형도를 지금까지 살펴본 논문량과 키워드 생산 정도 그리고 피인용지수를 활용하여 도식화하고자 한다. 본 연구를 진행하기 전 중국에서 여러 연구자들에 의해 많은 양의 논문이 생산되었기에 집단지식의 단계를 거쳐 사회적 지식으로 발전했을 것으로 생각했다. 그러나 본 연구를 진행하면서 한국학 지식 형성 요인을 적용시켜 본 결과, 나의 생각이 잘못되었음을 인지했다. 근래 들어 논문 발표 수도 감소하고 있고 신설 키워드의 양도 줄고 있으며 피인용지수 또한 떨어지고 있어 피상적으로 느끼는 한국학의 양적 팽창과는 다른 모습으로 나타났다. 그 구체적인 지식 지형도를 어문학과 역사·철학 분야로 나누어 도식화하면 다음과 같다.

1) 어문학 분야 한국학 지식확산 모델

어문학 분야 논문 발표 수의 경우 2016년과 2015년 각기 정점을 이루다가 이후 감소하고, 피인용지수의 경우는 이보다 빠른 2006년과 2005년 가장 정점을 이루다가 줄어들게 된다. 즉 어문학 분야의 경우 2005년을 전후로 하여 피인용지수가 감소하고 있었고, 이러한 경향이 10년 후 논문 발표량의 감소로 나타난다.

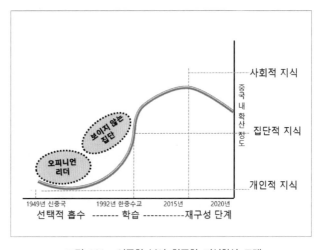

<그림 101> 어문학 분야 한국학 지식확산 모델

어문학 분야 논문량의 감소가 2015년쯤으로 보이지만 기실은 10년 전부터 누적된 결과가 투영된 것이라 할 수 있다. 상기의 <그림 101>은 이러한 상황을 반영한 것으로 한중 수교 이후까지 지속적으로 발전하다가 2015년을 전후로 하여 그래프가 하향함을 알 수 있다.

2) 역사철학 분야 한국학 지식확산 모델

역사·철학 분야는 어문학 분야와 조금 달라서 그 정점이 2010년을 전후해서 발생한다. 역사 분야의 경우 논문 발표 수가 줄어든 시점이 2010년이지만 피인용지수의 감소는 이보다 빠른 2004년이었다. 즉, 어문학 분야의 10년 기간보다 그 발현이 짧아 6년 후부터 본격적인 논문 감소로 이어진다.

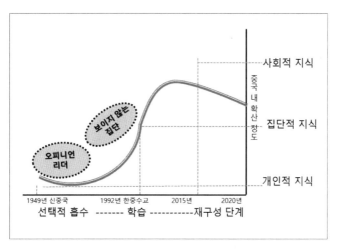

<그림 102> 역사철학 분야 한국학 지식확산 모델

철학 분야도 역사 분야와 비슷한 흐름을 보인다. 논문이 가장 많이

발표된 시기가 2011년이고 피인용지수가 가장 높은 해가 2006년으로 나타나 그 차이가 역사 분야와 비슷하게 5년의 시차를 보인다. <그림 102>는 역사철학 분야를 도식화한 것으로 어문학 분야보다 정점이 빠름을 알 수 있다.

정리해 보면 어문학과 역사·철학 분야 모두 한중 수교 이전까지는 소수의 연구자들에 의해 개인적인 관심 차원에서 연구가 진행되다가 한중 수교를 기점으로 집단화되는 양상을 보인다. 그 결과 어문학 분야는 2015년까지 지속적으로 논문량이 늘어나고 있고, 역사·철학 분야의 경우도 2010년까지 논문 발표 수가 증가하는 것으로 나타났다. 그러나 피인용지수를 보면 어문학 분야의 경우 2005년을 정점으로 감소하는 것으로 나타났고, 역사·철학 분야에서도 2004년부터 감소하는 것으로 나타난다. 이를 종합하면 한중 수교 후 약 10년 정도가 한국학의 절정기였고, 이후 줄어드는 양상을 보인다는 점이다. 상기 그래프에서 확인할 수 있듯이 4개의 학문 분야 모두 2010년을 전후로 하여 그래프가 상승하지 못하고 오히려 하향하고 있음을 알 수 있다. 이러한 현상은 한국학에 대한 새로운 모멘텀이 형성되고 있지 못하다는 방증이자 한국학에 대한 관심이 감소하고 있음을 보여주는 것이라고 할 수 있다.

3. 중국과 대만의 지식 지형도 비교

1) 지식확산 모델 비교

<그림 103>은 중국의 한국학 지식 지형도를 도식화한 것이고 <그림 104>는 대만의 한국학 지식 지형도를 시각화한 것이다. 1992년 한중 수교를 기점으로 그래프의 형태가 달라짐을 확인할 수 있다.

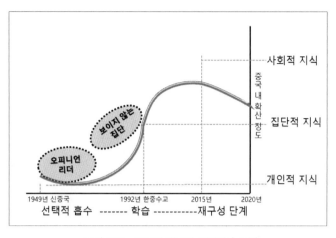

사회적 지식

중국 내 확산 정도

집단적 지식

개인적 지식

보이지 않는 집단

오피니언 리더

1949년 신중국 　　　　1992년 한중수교 　　 2015년　　　　2020년

선택적 흡수 ------ 학습 ---------- 재구성 단계

<그림 103> 중국의 한국학 지식확산 모델

중국대륙의 경우 한국과의 관계 향상과 밀접도 증가로 인해 많은 대학과 지방기관에서 경쟁적으로 한국학 관련 학과나 연구소를 설립한다. 한국 유학생을 유치하여 수익사업으로 활용하겠다는 목적과 연구자들의 승진에 박사학위가 중요한 요소로 평가되면서 이들을 수용하고자 하는 의도도 있었다. 당시만 해도 발전된 한국을 배우려는 열기가 대단했다. 이에 조선족 출신 학자들이 신설 학과나 연구소에 대규모로 채용되었고, 일부는 한국에서 학위를 취득한 후 중국에서 자리를 잡는 경우도 있었다.

그러나 수교 후 10여 년이 흘러 중국이 빠르게 성장하자 이들의 목표가 보다 높은 곳을 향하게 된다. 한국이 배움의 대상이 아닌 추월해야 할 경쟁상대로 인식되면서 중국 내에서의 한국에 대한 인식이 이전만 못하게 된다. 중국산 김치와 농산물 파동, 사드 배치 등을 두고 두 나라 사이에 긴장이 조성되면서 한국학과와 한국학연구소의 명칭이 조선학과 조선학연구소로 바뀌게 되고, 한국인 밀집지역에 설치되어 있던 한국인 집거지의 상점 간판이나 숙소 간판에서 한국어의 사용이 사라지는 현상이 나타난다. 한국과 한국인 그리고 한국어의 위상이 부러움의 대상이 아니라 배척의 대상으로 전락한 것이다. 이러한 사회적인 분위기 또한 한국학의 사회적인 지식화에 걸림돌로 작용했을 것으로 판단된다.

대만 또한 한중 수교의 영향을 직접적으로 받게 된다. 그동안 우호관계를 유지하며 많은 연구자들이 교류하고 경제적인 이익을 공유하고 있던 양국 관계가 한중 수교를 거치면서 단교 수준의 조치를 취했기 때문에 대만의 입장에서는 친구의 배신으로 받아들였다. 대사관이 폐쇄되고 대사와 대사관 직원들이 쫓기듯 한국을 떠나는 모습을 보면서 대만 사람들은 울분을 감추지 못했다.

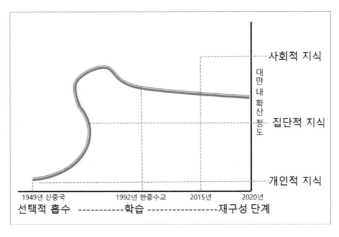

<그림 104> 대만의 한국학 지식확산 모델

중국 측이 수교의 조건으로 대만과의 단교를 요청했기에 대만과의 단교가 이뤄질 것이라는 상황을 이해 못 하는 바는 아니지만, 그동안의 관계를 생각한다면 최소한 상황을 설명해 주고 양해를 구했어야 한다고 여겼기 때문이다. 한중 수교가 가져온 한국과 대만 사이의 정치적인 격변이 한국학 연구 분야에도 영향을 미치게 된다. 한국에 대한 성토와 비판이 연일 TV와 신문을 통해 전파되면서 한국에 대한 사회적인 분위기는 비판 일색이었다. 그 결과 한중 수교 이후 논문 발표량이 이전 시기에 비해 줄어들게 된다(<그림 105> 참조). 한국의 지리적인 위치에서 여러 역경을 헤쳐 온 다양한 역사적인 현상들과 발전된 경제시스템 등에 관심이 많던 대만 연구자들이 이후 갈 수 없는 나라, 관심을 가질 필요가 없는 나라로 인식하면서 한국이라는 나라가 주 관심 대상에서 멀어졌기 때문에 나타난 현상이라고 생각된다.

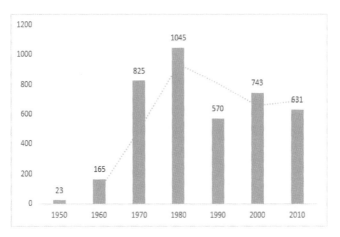

<그림 105> 한중 수교 후 줄어든 대만의 논문 발표량

이에 상기의 지식 지형도를 보면 한중 수교를 기점으로 상승하지 못하고 줄면서 평행을 이루는 양태를 보이게 된다(<그림 105> 참조). 즉, 중국대륙과 대만의 한국학 양상이 한중 수교를 기점으로 한쪽은 상승하고 한쪽은 하향하는 현상이 상기의 지식 지형도 그래프에 그대로 반영되어 있다.

2) 논문량(시기별) 비교

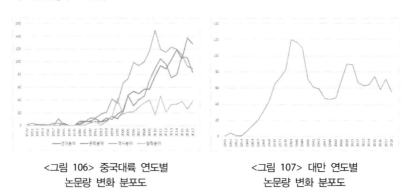

<그림 106> 중국대륙 연도별
논문량 변화 분포도   <그림 107> 대만 연도별
논문량 변화 분포도

다음 <그림 106>은 중국대륙 연도별 논문량의 변화를 나타낸 것이고, <그림 107>은 대만의 연도별 논문량의 변화를 그린 것이다. 중국대륙의 경우 한중 수교 전까지는 논문 발표 수가 매우 적었으나 1992년 한중 수교 후 어문학과 역사·철학 모두에서 논문량이 급격하게 증가함을 알 수 있다. 즉, 한중 수교가 한국학에 대한 관심을 고조시켜 집단지식화 되는 계기가 되었음을 알 수 있다. 반면, 대만의 경우 한중 수교 이전까지 많은 양의 논문이 발표되었으나 한중 수교 후 발표 논문 수가 급격하게 줄어드는 현상을 보인다. 2010년대 들어 다시 회복되는 기미를 보이지만 이전 시기에 도달하지 못하고 있다. 즉, 중국대륙과 대만

의 한국학 논문 발표 경향이 한국과의 상호 관계 그리고 중국 부상에 따른 한중 수교와 대만과의 관계 악화 등에 따라 크게 영향을 받은 것으로 보인다.

3) 키워드 비교

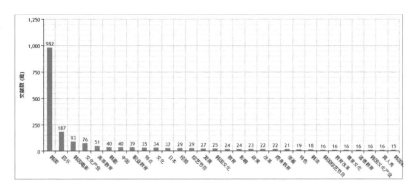

<그림 108> 중국대륙 상위 30위 키워드 빈도분석

상기 <그림 108>은 중국대륙 상위 30위 키워드의 빈도를 분석한 것이고, 아래 <그림 109>는 대만 상위 30위 키워드의 빈도를 분석한 것이다. 두 곳 모두에서 한국이 가장 많은 빈도수를 보이고 있다. 세부적으로 살펴보면 중국대륙에서는 한국 관련 용어들이(한국영화, 한국문화, 한국문화산업) 상위에 분포하고 있다. 특히 고등교육, 종신교육, 교육개혁과 같은 교육 분야, 한류, 문화, 한국영화와 같은 문화 분야, 유가문화와 같은 종교 분야 등이 고르게 분포하고 있음을 알 수 있다. 대만의 경우도 한국이라는 키워드의 출현 빈도가 가장 높게 나타나고 있고, 뒤를 이어 경제, 무역, 수출, 시장, 금융, 제도, 투자, 기술, 기업, 구조 등이 상위에 분포하고 있어서 경제·경영 부분에 관심이 많은 것으

로 조사되었다. 즉, 중국대륙이 한국의 문화산업과 영상 콘텐츠, 그리고 한국에 미친 영향에 관심이 많다면, 대만의 경우 무역과 투자, 금융과 같은 실용성에 더 관심이 있는 것으로 조사되었다.

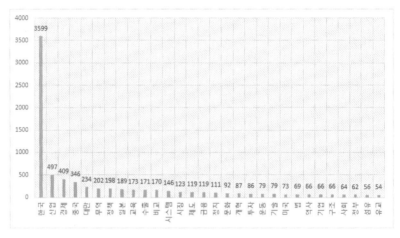

<그림 109> 대만 상위 30위 키워드 빈도분석

중국대륙의 경우 조선족이 거주하고 있기에 이들이 자신들의 언어와 문화 그리고 한국과의 관계 속에서 다양하게 관심을 갖고 논문을 작성한 반면, 대만에서는 자신들과 비슷한 조건에 있는 한국의 사례를 분석하고 조사하여 시사점을 얻으려는 경향이 있는 것으로 나타났다. 그러나 두 지역 모두 최근 몇 년 동안 키워드의 양적 증가가 둔화되고 있고 논문량 또한 감소하고 있어 변화를 모색해야 할 시기라고 생각된다.

제2절 지식 지형도 체계화와 그 함의:
결론에 대신하며

　본 연구는 중화권 한국학 논문들에 담긴 지식확산 구조를 파악함과 동시에 지식 지형도를 체계화하는 것에 그 목적이 있다. 먼저 지식확산 구조를 파악하기 위해 진관타오의 S형 곡선을 활용하였고, 지식 지형도를 살펴보기 위해 거시적인 방법과 미시적인 방법을 도입하였다. 지역적으로는 중국대륙을 먼저 살펴본 후 대만과 비교하였다. 연구범위는 전체 학문 분야 중 어문학·역사철학 분야로 한정하였고, 시기는 중화인민공화국 성립 이후부터 최근까지이며, 연구방법은 넷마이너를 활용한 논문 데이터 분석법을 사용하였다.

　먼저 '중화권 한국학 지식확산 구조'에서는 지식 구조 개념도를 체계화한 후 S형 곡선에 대해 살펴보았다. 지식 구조 개념도에서는 개인적, 집단적, 사회적 지식을 이루고 있는 구성 요소를 밝힘과 동시에, 매 과정에 영향을 미치는 오피니언 리더의 역할과 보이지 않는 집단의 작용에 대해서도 도식화했다. 그리고 지식확산 모델에서는 가로축을 시간의 흐름에 따라 1949년 중화인민공화국 성립기부터 1992년 한중 수교기 그리고 최근(2017년)으로 설정한 후 선택적 흡수 → 학습 → 재구성 단계로 발전하는 과정을 제시하였고, 세로에서는 개인적 지식 → 집단적 지식 → 사회적 지식으로 발전하는, 즉, 중국 내 확산 정도를 산정하였다. 지식확산구조 형성 요인에서는 논문을 생산해 내고 키워드를 제공하는 오피니언 리더의 역할에 대해 주목하였고, 보이지 않는 손의 작용에서는 학과와 연구소의 설립이 논문량의 증대에 어떻게 기여하고, 개인지식을 집단지식으로 발전시키는지에 대해 언급하였다.

한국학 지식확산 구조를 보다 세부적으로 살펴보기 위해 중화권 한국학을 거시 지형도와 미시 지형도로 나누어 분석해 보았다. 지형도를 파악함에 있어서 가장 핵심적인 요소는 핵심 키워드를 추출한 후 그 키워드 간의 관계 속성을 파악하는 것이다. 중심성이 강한 키워드는 무엇이고, 이들 간에는 어떤 연결성이 존재하고 있으며, 동시에 출현하는 키워드에는 어떤 의미가 담겨 있는지 등이다. 다시 말해 키워드 사이에 존재하는 의미 구조를 파악하는 것으로 이를 통해 키워드 간의 전체 연결망을 파악할 수 있고, 키워드 군집에 담긴 의미를 추출해낼 수 있기 때문이다. 이를 위해 중국과 대만의 한국학 핵심 키워드를 먼저 생산한 후 지식 지형도를 완성하였다. 이 두 지역에서 생산된 한국학 관련 논문들에 담긴 키워드를 추출하여 키워드 속에 담긴 의미와 연결망을 통해 지식 구조를 파악하고자 했다. 언어 분야는 1956년에서 2017년까지 61년간에 걸쳐 생산된 학술논문 총 1,427편, 문학 분야는 1952년부터 2017년까지 생산된 학술논문 총 1,386편, 역사 분야는 1932년부터 2017년까지 생산된 학술논문 총 2,091편, 철학 분야는 1957년부터 2017년까지 작성된 학술논문 641편, 그리고 1950년에서 2018년까지 대만에서 생성된 학술논문 4,014편을 대상으로 한 연결망 분석을 통해 한국학 지식 구조와 거시, 미시 지형도를 파악했다. 상위 키워드 연결망 분석을 통해 파악한 분야별 거시 지식 구조는 다음과 같다.

언어 분야의 경우 조선어(朝鮮語)-조어(朝語)-알타이어계가 가장 강하게 나타나 언어 분야를 주도하고 있고, 조선어-형태소(詞素)-접미사(詞尾), 조어(朝語)-조선-조선어, 알타이어계-접미사(詞尾)-형태소(詞素)도 연결지식체계를 형성하고 있다. 한편 한국-한자문화권-한자교육이라는 지식체계와 한국유학생-한국학생-오류(偏誤)-오류분석(偏誤分析)이라는 연결성을 유지하고 있다. 문학 분야의 경우 '조선'과 '한국'이라는 중앙성 키워드를 중심으로 김일성-평양-조선민주주의인민공화국, 조선-민족-권리주체, 조선-지원군-군대, 조선-唐詩-杜詩가 하나의 지식체계를 형성하고 있고, 중심성이 높은 '조선'이나 '한국'이란 키워드가 상호 연결성을 유지하며, 조선-한국-작가-소설, 조선-한국-작가-문학, 조선-한국-章回小說 등으로 지식 구조를 형성하고 있다. 한편 '조선'이나 '한국'이란 키워드가 분리된 이질적인 요소가 아니라 때로는 병행적으로 사용되면서 또 다른 지식체계를 형성하고 있다.

역사 분야의 경우 키워드 중심성이 가장 높은 단어 '한국'을 중심으로 다른 키워드가 분포하고 있다. 한국-불교-석교, 한국-석교-천태종-불교교파의 동시 출현 횟수가 높아 의미 있는 지식체계를 형성하고 있다. 그리고 한국불교-천태종-중국불교협회-불교교파, 한국-우호-중화인민공화국-불교계가 하나의 군집을 형성하고 있어 이 또한 철학 분야 지식 구조의 한 틀을 형성하고 있다.

시기별로 나누어 미시 지식 구조를 살펴보면 언어 분야의 경우 1992년 이전 지식 구조는 조선-조선어(朝鮮語)-알타이어계(阿爾泰語系)를 기본으로 조선과 조선어 그 자체였지만, 1992년 이후가 되면 중앙성이 강한 '한국'이란 키워드를 중심으로 한국어와 한국유학생으로 지식체계가 바뀌게 된다. 문학 분야의 경우 1992년 이전까지는 작가-무장투쟁-김일성이라는 북조선 관련 의미 구조와 전등신화-김시습-금오신화-전기문학이라는 중국 관련 문학작품, 그리고 흥부전-봉건사회-봉건제사회 연결망을 통해 사회주의 찬양과 봉건사회 비판이 의미체계를 형성하고 있었지만, 1992년 이후에는 이전 시기와 달리 한국이라는 중심성 키워드와 조선이라는 중앙성 키워드가 균형을 이루며 지식체계를 구축하고 있다.

역사 분야에서는 1992년 이전 한국전쟁에 참전한 미국과 중국, 북조선과 남조선의 관계를 통한 지식 구조가 형성되고 있고, 1992년 이후에도 '조선', '조선전쟁', '미국'이라는 세 개의 중앙성 키워드를 중심으로 서로 연결되거나 독립 구조를 형성하면서 지식 구조를 형성하고 있다. 다른 학문 분야의 지식 구조가 한·중 수교를 기점으로 한국이란 단어가 중앙성 키워드로 부상하고, 한국 관련 내용이 의미 있는 지식의 틀을 형성한 반면, 역사 분야는 92년 이전 시기와 같이 한국전쟁이 가장 주된 키워드를 유지하고 있다. 1992년 이전 철학 분야는 유교의 전래와 조선에서의 활용에 초점이 맞춰져 있어, 조선-주자학-유교, 조선-주자학-경세치용이 함께 출현하는 의미 구조를 갖추고 있었지만, 1992년 이후에는 '한국'이란 키워드의 중앙성이 월등하게 강해, 한국 불교에 대한 다양한 키워드가 군집을 형성하는 지식 구조를 형성하고 있다. 결국 언어·문학·역사·철학 네 분야를 시기별로 나누어 미시적인 지식 구조를 파악함으로써, 시기를 관통하는 학문 경향을 파악할 수 있었고, 연구의 주 관심 사항에 대해서도 파악할 수 있었다.

대만의 경우 주요 키워드를 통해 분석해 보면 어문학과 역사·철학 모든 분야에서 중국보다 키워드 빈도수가 낮은 것으로 조사되었다. 그 원인을 중국과 대만으로 나누어 살펴보면, 중국 측의 경우 중국 내에 조선족이 있어서 이들이 자신들의 언어와 삶을 연구하는 세월이 오래 되었고, 그 기반 위에 한국과의 관계 개선으로 한국학 연구의 붐이 조성된 결과로 보이며, 대만의 경우 한국에서 시사점을 얻기 위해 한국학에 관심을 둔 측면이 강하기 때문에 경제·경영에 비해 상대적으로 인문 분야의 논문량이 적은 것으로 나타났다. 학문 분야별로 세분화해 보면 언어 분야의 경우 한국 유학생을 대상으로 한 교육법과 그 과정에서 발생한 문법적인 오류 등이 주류를 이루고 있고, 문학 분야에서는 중국문학과 관련 있는 한자소설이, 역사 분야에서는 일본 제국주의, 식민통치 및 근대사 관련 분야 등이, 그리고 철학 분야에서는 유교와 불교의 한국적인 파생에 관심이 있는 것으로 나타났다.

시대별로 세분화해 보면 1950년대 폐허 속에서 한국인이 경제 재건을 이룩한 모습에 관심을 기울였고, 1960년대에는 한국의 근본을 알고자 하는 관심이 증폭했다. 1970년대에는 국제관계 속에서 한국의 위상과 경험을 공유하고자 했고, 1980년대엔 한국의 다양성에 주목하였다. 1980년대는 논문이 가장 많이 발표된 시기로 한국학이 번성했던 시기이다. 그러나 1980년대 말부터 불기 시작한 한중관계 개선이 대만과의 관계에 악재로 작용하면서 점차 관심도가 떨어졌고, 1992년 한중 수교를 기점으로 급격하게 인문학 분야 논문 수가 감소하게 된다. 2000년과 2010년대 들어 한국에 대한 서운한 감정이 어느 정도 누그러지기는 했으나 이전 시기로 회복되지 못한 채 정체된 양상을 보이고 있다.

중국과 대만의 지식확산 구조를 비교해 보면 처음 시작은 1949년 중화인민공화국 성립기를 전후하여 한국학이 태동하고 있다는 공통점에도 불구하고 중국이 한중 수교기까지 약 40년에 걸쳐 기반이 조성되는 단계였다면, 대만은 자본주의라는 같은 체제와 수교국으로서 인적 왕래가 자유로웠기 때문에 그 기간이 짧았다는 차이점이 있다. 그 결과 집단지식으로의 진입에 있어 중국이 한중 수교 후인 반면, 대만은 한중 수교 전인 1980년대로 좀 더 빨리 진입한다. 아울러 두 나라 모두 사회적인 지식의 단계에는 이르지 못하는데 그 이유가 한국과의 갈등에 따른 한국학의 관심 저하에 주요인이 있다. 중국이 2012년 이후부터라면 대만은 한중 수교가 맺어진 1992년부터이므로 약 20년의 편차가 있다.

아울러 중국과 대만의 학문 관점에 대한 비교를 진행하였는데 공통점과 차이점을 분석하는 형태였다. 먼저 공통점으로는 중국과 대만 모두 한국에 영향을 미친 분야와 자국과 한국을 비교하는 부분에 관심이 많다는 점을 들 수 있다. 차이점으로는 첫째, 한국학 연구 경향에 있어 중국이 자신들이 영향을 미친 우월적인 부분에 관심이 많았다면, 대만은 한국의 경험을 통해 시사점을 얻으려고 하였다. 둘째, 관심 있는 연구 분야의 경우 중국에서는 인문학과 사회과학이 어느 정도 균형을 이루고 있는 반면, 대만에서는 사회과학이 월등히 주목받고 있다. 셋째, 한국학 발전과정에 있어 중국과 대만이 한중 수교를 기점으로 분화되는 양상을 보이지만, 중국이 발전기로 진입한 반면 대만이 정체기로 들어서는 차이점이 발생한다. 넷째, 지식확산 구조에 있어 대만이 집단지식 단계에 중국보다 빠르게 진입하고 있는 반면, 중국이 상대적으로 늦게 집단지식 단계에 진입하고 있다. 다섯째, 조선족의 존재 여부에 따라 한국학의 기반 조성과 발전에 차이점을 가져오는 것으로 나타났고, 마지막으로 한국학과 한국인을 바라보는 데 있어 중화주의와 실용주의라는 커다란 차이가 존재함도 기술하였다. 마지막으로 지금까지 살펴본 내용을 정리하여 지식 지형도를 체계화하면 다음과 같다.

중화권 한국학은 언제 형성되었고 어떻게 변화하였을까? 이를 밝히기 위해 시대별 형성과정과 학문 분야별 지식 구조를 도식화한 후 중국과 대만의 지식 지형도를 비교했다. 시대별 지식 구조 형성의 경우 1992년 한중 수교 이전기를 한국학이 태동하여 기반을 구축한 생성기로 보았고, 한중 수교 이후 20년간을 한국과의 관계 개선에 따른 붐 조성으로 한국학이 성장한 발전기로 보았으며, 그 이후를 정체기 내지 하향기로 규정하였다. 이를 토대로 학문 분야별 지식 구조를 도식화한 결과 어문학과 역사·철학 모두 정도의 차이는 있지만 비슷한 흐름을 보이는 것으로 조사되었다. 네 개의 학문 분야 모두 한중 수교를 기점으로 이전에는 소수의 연구자들이 선택적으로 흡수한 지식을 논문으로 작성하는 단계에 머물러 논문량이 많지 않았다. 이후 한국과의 관계 개선으로 한국학에 대한 붐이 형성되었고, 학과와 연구소가 지속적으로 설립되면서 변화의 전기가 마련된다. 이러한 외부 여건의 개선은 많은 연구자들로 하여금 한국학 연구에 집중할 수 있게 하였고, 그 결과 많은 논문이 생산되면서 개인적인 지식의 단계를 넘어 집단적인 지식으로 발전되는 계기가 된다. 즉, 보이지 않는 손의 작용과 오피니언 리더의 역할이 한국학 발전의 주요 요인으로 작용하게 된다.

그러나 이러한 한국학의 양적, 질적 성장이 2012년 무렵에 이르러 하향곡선을 그리게 된다. 한국과의 정치적인 갈등과 중국의 성장이 그 동안 잠재해 있던 한국에 대한 인식의 변화로 이어져 한국과 한국인, 한국문화를 터부시하는 단계로 전환되면서 한국학의 발전에 저해 요인으로 작용하게 된다. 그 결과 논문의 양은 증가하고 있지만 피인용지수는 떨어지는 현상이 나타난다. 인구의 규모는 증가하고 있으나 출생률의 감소에 따라 실질인구가 감소하는 인구 모멘텀처럼 한국학도 비슷한 현상을 나타내게 되고, 2015년이 지나면서 논문의 양까지 감소하는 현상으로 이어진다. 이러한 결과는 새로운 키워드 생성과 피인용지수 감소까지 동반되면서 일시적인 현상이 아니라 장기화될 수 있는 요인으로 받아들여지고 있다.

중국대륙에서 나타나고 있는 이러한 현상이 대만에서는 어떻게 나타나고 있는지를 살펴보기 위해 중국과 대만의 지형도를 비교 분석하였다. 그 결과 대만에서도 한중 수교가 중요한 분기점이 된 것으로 밝혀졌다. 대만에서의 한국학은 중국보다 먼저 발전하였다. 1948년 수교 이후 지속되어 온 긴밀한 관계와 비슷한 국가 환경과 경제발전 속도 등이 한국을 연구 대상으로 삼기에 충분한 동인으로 작용했다. 무엇보다 선진 국가 중 대사 관계를 형성하고 있는 가장 규모가 큰 나라였고, 한국이 아시아의 거점으로 활용할 가치가 충분했기에 한국에 대해 다방면에서 연구를 진행하였다. 그 결과 대만에서의 한국학은 한중 수교 이전인 1980년대에 가장 번성하게 된다. 그러나 노태우 정부가 북방정책을 표방하면서 동유럽뿐만 아니라 소련과 관계를 개선하게 되자 한국과 대만의 관계도 변화를 요구받게 된다. 중국이 자신들과의 수교를 조건으로 대만과의 단교를 요구했기 때문이다. 대만의 입장에서는 한국과의 관계를 지속하고 싶었으나 경제적인 이익 앞에 속절없이 무너질 수밖에 없었다. 대만은 한국의 이러한 처세를 비판하게 되고 급기야 언론매체에서 한국을 성토하는 분위기가 조성되자 한국학 연구도 영향을 받게 된다. 한국과의 관계가 긴밀하던 1980년대 집단적인 지식단계에 이르렀던 한국학이 한중 수교를 거치면서 논문량의 감소뿐만 아니라 신규 키워드의 감소 그리고 피인용지수의 감소로 이어지면서 한국학 관심이 줄어들게 된다. 그 결과 사회적인 지식으로 발전하지 못하고 오히려 정체되는 현상을 보인다.

본고를 통해 중화권 한국학 지식확산 체계와 지형도가 어느 정도 파악되었다고 생각한다. 특히 중화권 지식 지형도를 중국과 대만의 비교를 통해 비교 분석함으로써 그 차이를 선명하게 드러냈다고 자평한다. 이를 기반으로 세계 모든 나라의 한국학 지식 지형도를 완성한다면 해당 기관에서 정책을 입안하거나 지원자를 선정하는 데 보다 체계적으로 할 수 있을 것이다. 한국학의 세계화는 이러한 토대 위에서 보다 활성화되리라 믿어 의심치 않는다. 본고가 한국학의 세계화에 조금이나마 기여할 수 있기를 희망해 본다.

제3절 한국학의 세계화를 위한 정책 제언

어떻게 한국학을 세계화할 수 있을까? 로드맵은 있는가? 효과적인 방안은 무엇일까? 이 물음에 대한 대안의 성격으로 이 글을 제시한다. 다만 본고가 중화권 한국학의 지식 지형도 연구인 만큼 이것을 기반에 두고 정책적인 대안을 제시하는 것에 초점을 맞추고자 한다.

첫째, 세계 각국의 한국학 연구 지형도를 완성할 필요가 있다. 만약 세계 주요 나라에 대해서 한국학 지형도를 완성한다면 드러나지 않은 오피니언 리더와 보이지 않는 손을 발굴할 수 있게 된다. 그리고 보다 체계적인 한국학 연구의 기틀을 닦을 수 있어 한국학의 세계화에 기여할 수 있을 것이다. 각국의 한국학 연구 단계에는 차이가 있다. 어떤 나라는 발전기에 진입했을 수 있고, 어떤 나라는 아직 태동기에 머물 수도 있다. 그리고 연구자의 역량과 연구 기관의 분포 현황 등은 한국학 확산에 중요한 협력자가 될 수 있다. 그런데 어떤 연구자의 논문이 영향력이 있는지, 누가 많은 논문을 생산하고 있는지, 어떤 기관이 한국학의 중심 기관인지, 학술지의 성격은 어떠한지 구체적인 데이터를 가지고 있지 못한 것이 현실이다. 각국의 한국학 현황을 잘 알지 못하면서 한국학을 지원한다는 것은 장님 코끼리 만지기식이 될 수 있다. 지원한 사실에만 만족하는 생색내기 지원에 불과할 수도 있다. 이에 본고에서처럼 각국의 한국학 지식 지형도를 심도 있게 완성해 볼 필요가 있다. 이를 통해 지원해야 할 개인과 단체 그리고 영향력 있는 학술지 등을 선정할 수 있다면 보다 효과적으로 한국학을 발전시킬 토대를 형성할 수 있을 것이다.

둘째, 한국학 발전 로드맵을 갖출 필요가 있다. 한국학이 싹트지 않은 곳이 어디인지, 연구의 인프라가 갖춰져 있지 않은 곳은 어디인지, 기반은 조성되었으나 지원이 부족한 곳은 어디인지, 활성화되고 있으나 도약하지 못한 곳은 어디인지, 정체기 내지 하락하고 있는 지역은 어디인지를 구분하고 정리한 후 맞춤형 지원을 한다면 한국학의 세계화를 앞당길 수 있다. 그리고 이러한 구체적인 로드맵이 있다면 한국학 지원금을 확보하거나, 추후 검증의 수단으로 제시할 수도 있을 것이다. 아울러 각국의 한국학 현황을 조사한 후 지원 가능한 연구자와 단체를 선정한 후 성과를 면밀히 검증하는 단계도 갖춰야 한다. 이를 위해 생산된 논문에 대한 사후 추적 시스템도 갖춰야 한다. 다작도 중요하지만 영향력 지수가 보다 중요하기 때문이다. 피인용지수가 높을수록 한국학의 재구성이 확산되고 한국학의 세계화에 기여할 수 있다. 즉, 지원받은 연구자들이 논문을 생산하고 새로운 키워드를 양산하면 피인용지수가 올라가 한국학이 재구성될 수 있는 동력으로 작동할 수 있다. 지원 국가와 기관, 개인연구자에 대한 로드맵 구축은 한국학의 세계화를 위해 가장 선행되어야 할 과제라고 생각한다.

셋째, 오피니언 리더로서 선도 연구자를 발굴할 필요가 있다. 오피니언 리더는 영향력이 큰 사람이나 기관을 지칭하기에 그 효과의 측면에서 보면 생산성이 매우 높다. 본고에서는 각 분야별로 상위 분포자 20명을 대상으로 분석하였고, 피인용지수가 높은 연구자까지 함께 분석함으로써 영향력 있는 연구자를 도출해 내고자 했다. 그 결과 논문과 피인용지수가 모두 높은 연구자도 있었지만 대부분 일치하지 않는 것으로 나타났다. 연구 업적이 소량이면서도 피인용지수가 높은 사람이 있는가 하면, 많은 연구 업적을 생산하고도 피인용지수가 낮은 사람도 있어 분산해서 살펴볼 필요가 있다. 물론 다작을 생산하면서 피인용지수까지 높은 사람은 진정한 오피니언 리더라 할 수 있다. 피인용지수가 높은 연구자를 발굴하는 것이 중요한 이유는 한국학이 재구성되는 한 지표로 피인용지수가 활용되기 때문이다.

중화권 한국학의 경우 집단지식의 단계를 거쳐 사회적인 지식단계로 발전해야 함에도 그렇지 못한 이유가 피인용지수의 제한성에 있기에 정체되거나 하락하고 있는 한국학을 재도약시키기 위해서라도 피인용지수가 높은 연구자를 적극적으로 발굴해서 지원할 필요가 있다. 중화권 한국학 오피니언 리더의 경우 본고에 데이터가 제시되어 있는 만큼 참고하면 된다. 지금까지 한국학진흥사업의 일환으로 선도 부문 연구자를 선정하여 지원하고 있다. 지원자를 선발할 때 연구자의 논문 편수와 영향력 지수를 고려하여 선발하고 사후 관리까지 철저하게 검증 한다면 한국학의 세계화에 기여할 것이다.

넷째, 보이지 않는 손에 주목할 필요가 있다. 본고에서는 보이지 않는 손으로 한국학 연구를 뒷받침하고 있는 학과나 연구소에 주목했다. 연구자 개인의 역량도 중요하지만 그들이 속해 있는 연구소나 학과의 한국학에 대한 방향성과 의지도 중요하다. 연구팀을 이루거나 연구단을 구성하여 융합적인 연구를 진행할 때 보다 영향력이 높은 연구 성과를 기대할 수 있다. 이런 측면에서 보면 보이지 않는 손의 역할은 한국학의 기반을 튼튼히 한다는 측면에서 매우 중요한 요소이다. 때로는 괄목할 만한 연구 성과를 내고 있는 학자가 있지만 단독으로 연구를 진행하고 있어 확장성이 떨어지는 경우도 있다. 이럴 경우 연구소 설립이나 연구단 설립을 적극적으로 지원하여 연구 성과를 확보할 필요가 있다. 중국대륙에서 1992년 한중 수교 후 한국학이 발전기에 접어들 수 있었던 요인 중의 하나가 많은 학과나 연구소 설립에 있었던 점을 고려한다면 이 또한 필요한 요소라고 생각된다. 본고에서는 빈도수가 높은 연구자가 소속된 상위 연구기관 20곳을 분야별로 선정하여 지역별 분포와 교학 현황 등을 기술하였다. 대표 기관 몇 곳에 대해서는 설립 연도와 주요 연구 분야, 연구자 규모, 주요 연구 성과까지 설명함으로써 이해도를 높이고자 했다. 언어 분야의 경우 학과와 함께 있는 기관이 주요 기관으로 선정되었고, 역사 분야는 동북 3성에 있는 기관들이 많이 포함되었으며, 문학 분야는 어문학을 병행하는 기관들이 많이 선정되었다. 바로 이런 데이터에 기반하여 한국학진흥사업에서 추진하고 있는 중핵사업이나 연구소 지원 사업을 추진한다면 훨씬 효용성이 담보될 수 있다. 신청한 기관 내에서 선정하는 제한적인 선정 방식보다는 선제적으로 발굴하고 선정하는 적극적인 방식을 강구할 필요가 있다.

다섯째, 한국학 관련 학술지 지원사업도 보다 체계적으로 진행할 필요가 있다. 본고에서는 한국학 관련 논문을 게재한 대표성 있는 학술지에 대해서 분야별로 나누어 언급하였다. 전문 분야에 한정해서 논문을 게재하는 학술지도 있고, 여러 분야를 함께 다루는 종합학술지도 있으며, '공자연구'와 같이 사람 이름을 명칭으로 사용하는 경우도 있다. 상위 20개 학술지에 대해 한국학 게재 현황을 분야별로 파악하였고 몇 개 학술지에 대해서는 보다 자세한 정보를 제공하였다. 이렇게 수집된 데이터에 기반하여 지원 학술지를 선정한 후 피인용지수까지 조사한다면 지원에 대한 성과가 담보될 것이다. 국내에서 등재지를 선정하여 지원하는 것처럼 중화권 대표 학술지 지원 사업 등으로 명명하여 사업을 진행한다면 한국학 확산에 기여할 것으로 판단된다.

여섯째, 한국학 연구 네트워크를 형성할 필요가 있다. 정보 공유와 공통의 과제 수행, 학술대회 공동개최, 선도적인 연구 주제 선정, 인적, 물적 자산공유 등 많은 부분을 네트워크를 통해 공동으로 논의하고 방향성을 정한다면 보다 공정하고 참여도 높은 시너지가 생성될 수 있다. 지원 기관의 폐쇄적인 결정이나 불투명한 선정, 방향성이 결여된 주제 선정과 같은 폐단을 시정하고 아래로부터의 참여와 적극적인 동참을 담보할 수 있는 시스템의 구축이야말로 한국학이 한 단계 도약할 수 있는 진일보한 계기가 될 수 있다. 한 개인의 연구 성과와 개별 기관의 연구 경향에 맡겨둘 것이 아니라 종합적인 시스템을 구축하여 체계적으로 한국학을 발전시킬 단계에 이르렀다고 생각된다.

본 지형도 연구가 지금까지 산발적으로 진행된 한국학 연구의 체계적인 연구와 기반 조성에 기여할 수 있기를 희망해 본다. 비록 중화권 한국학 지형도 연구로 한정되어 있으나 향후 세계 각국의 지형도 연구로 확산되는 계기가 된다면 더할 나위 없겠다. 한국학 지원 사업을 진행하는 기관이나 정책을 입안하는 기관 그리고 중화권 한국학사업을 추진하는 단체들에서 한국학 주요 연구자를 초청하거나 협업하고자 할 때 본고의 데이터를 참조한다면 보다 효용성을 높일 수 있을 것이다.

참고문헌

〈언어 분야 참고 문헌〉

中華書局出版"朝鮮時代漢語敎科書叢刊", 語言硏究, 2005-02, 61.

肖奚强, 韓國學生漢語語法偏誤分析, 世界漢語敎學, 2000-02, 95-99.

孟桂亿, 韓國漢語敎育的現狀与未來, 云南師范大學學報(對外漢語敎學与硏究版), 2008-02, 30-36.

焦毓梅·于鵬, 韓國漢語敎育現狀分析及發展前瞻, 長江學術, 2010-03, 137-142.

高玉娟·李宝貴, 韓國留學生漢語聲調習得偏誤的聲學硏究, 云南師范大學學報, 2006-01, 31-35.

楊德峰, 朝鮮語母語學習者趨向補語習得情況分析—基于漢語中介語語料庫的硏究, 暨南大學華文學院學報, 2003-04, 20-31.

黃玉花, 韓國留學生的篇章偏誤分析, 中央民族大學學報, 2005-05, 100-106.

韓容洙, 韓國漢語敎學槪觀, 漢語學習, 2004-04, 73-75.

曹秀玲, 韓國留學生漢語語篇指称現象考察, 世界漢語敎學, 2000-04, 77-83.

金基石, 韓國漢語敎育史論綱, 東疆學刊, 2004-01, 34-42.

張曉曼, 韓國漢語敎材存在的問題及改進措施硏究, 社會科學戰線, 2007-06, 244-247.

施家炜, 韓國留學生漢語句式習得的个案硏究, 世界漢語敎學, 2002-04, 34-42.

丁安琪·沈蘭, 韓國留學生口語中使用介詞"在"的調查分析, 語言敎學与研究, 2001-06, 18-22.

黃玉花, 韓國留學生漢語趨向補語習得特点及偏誤分析, 漢語學習, 2007-04, 72-78.

柳英綠, 韓漢語被動句對比—韓國留學生"被"動句偏誤分析, 漢語學習, 2000-06, 33-38.

劉紅英, 韓國學生漢語詞匯使用偏誤分析, 沈陽師范大學學報(社會科學版), 2004-03, 108-110.

王秀珍, 韓國人學漢語的語音難点和偏誤分析, 世界漢語敎學, 1996-04, 107-109.

馮麗萍・胡秀梅, 零起点韓國學生陽平二字組聲調格局研究, 漢語學習, 2005-04, 63-69.

劉継紅, 当代韓國漢語教育發展分析, 黑龍江高教研究, 2005-03, 158-160.

韓在均, 韓國學生學習漢語"了"的常見偏誤分析, 漢語學習, 2003-04, 67-71.

宋春陽, 談對韓國學生的語音教學—難音及對策, 南開學報, 1998-03, 72-76.

王振來, 韓國留學生學習關聯詞語的偏誤分析, 云南師范大學學報, 2005-03, 14-18.

錢玉蓮, 韓國學生中文閱讀學習策略調查研究, 世界漢語教學, 2006-04, 80-88.

張艶華, 韓國學生漢語介詞習得偏誤分析及教學對策, 云南師范大學學報, 2005-03, 24-30.

全香蘭, 針對韓國人的漢語教學—"文字代溝"對對外漢語教學的啓示, 漢語學習, 2003-03, 70-76.

宿捷宿・鴻斌. 韓國漢語教學現狀簡析, 遼宁師專學報(社會科學版), 2008-05, 81-82.

王韞佳, 韓國、日本學生感知漢語普通話高元音的初步考察, 語言教學与研究, 2001-06, 8-17.

李現樂, "語言模特"職業与韓國高中漢語教學, 安慶師范學院學報(社會科學版), 2009-12, 67-70.

李大農, 韓國學生"文化詞"學習特点探析—兼論對韓國留學生的漢語詞匯教學, 漢語學習, 2000-06, 66-70.

王宇, 韓國學生在漢語學習中常出現的語音問題与中韓語音的差异, 首都師范大學學報(社會科學版), 2000-S3, 112-116.

徐建宏, 漢語詞匯和韓國語漢字詞的對比研究, 遼宁大學學報(哲學社會科學版), 1999-04, 107-110.

林升圭, 中韓漢語教學大綱對比研究—兼論韓國高中漢語教學狀况, 云南師范大學學報(對外漢語教學与研究版), 2008-05, 19-24.

刁世蘭, 韓國漢語教學的現狀及發展對策—以濟州漢拏大學爲例, 合肥學院學報(社會科學版), 2011-06, 105-109.

楊崢琳, 中級水平韓國學生習得漢語离合詞情况分析, 昆明理工大學學報(社會科學版), 2006-01, 77-80.

張德鑫, 從韓國儿童漢語教材的編寫談起, 天津外國語學院學報, 2002-02, 73-75.

杜艶青, 韓國學生漢語詞語偏誤分析, 安陽師范學院學報, 2006-01, 102-104.

崔立斌, 韓國學生漢語介詞學習錯誤分析, 語言文字應用, 2006-S2, 45-48.

王健昆・喩波, 初級漢語水平韓國留學生漢語語篇邏輯連接偏誤分析, 語言文字應用, 2006-S2, 94-97.

李宝貴, 韓國留學生"把"字句偏誤分析, 遼宁工學院學報(社會科學版), 2004-05, 44-46.

金貞子, 韓國留學生漢語學習中的偏誤分析, 延邊大學學報(哲學社會科學版), 1999-04, 140-141.

郭宏, 韓國學生漢語學習中語音偏誤例析, 西南民族大學學報(人文社科版), 2007-07, 197-199.

丁崇明, 韓國漢語中高級水平學生語法偏誤分析, 北京師范大學學報(社會科學版), 2009-06, 105-110.

侯曉虹・李彦春, 初級漢語水平韓國留學生漢語双音節詞聲調的發音規律研究, 語言文字應用, 2006-S2, 9-13.

方欣欣, 中高級水平韓國學生的教學重点, 漢語學習, 2001-05, 64-74.

金昭延, 韓國留學生學習漢語副詞的偏誤分析, 徐州教育學院學報, 2001-01, 120-121.

趙允敬, 韓國的漢字和漢字教學探究, 夏旦外國語言文學論叢, 2009-01, 136-140.

關穎, 淺析韓國高中生的漢語教學, 海外華文教育, 2006-03, 15-20.

李天洙, 韓國大學漢語教學狀況分析, 安慶師范學院學報(社會科學版), 2004-04, 115-117.

張光軍, 韓國的漢字, 解放軍外國語學院學報, 1999-05, 18-22.

黃自然・肖奚强, 基于中介語語料庫的韓國學生"把"字句習得研究, 漢語學習, 2012-01, 71-79.

〈문학 분야 참고 문헌〉

任曉麗・梁利, 朝鮮古典文學中的中國傳統文化, 解放軍外國語學院學報, 2004-04, 106-110.

洪瑀欽, 韓國文學接受中國文學影響的歷史, 吉林師范學院學報, 1999-02, 29-32.

蔡鎭楚, 中國詩話与朝鮮詩話, 文學評論, 1993-05, 50-61.

崔溶澈・金芝鮮, 中國小說在朝鮮的傳播与接受, 華中師范大學學報(人文社會科學版), 2007-01, 48-54.

楊昭全, 中國古代小說在朝鮮之傳播及影響, 社會科學戰線, 2001-05, 94-104.

張伯偉, 朝鮮古代漢詩總說, 文學評論, 1996-02, 120-126.

陳蒲清, 論古朝鮮漢文詩与中國古典詩歌的相似特色, 湖南教育學院學報, 1998-01, 48-53.

蔡美花, 朝鮮高麗文學的審美理想与追求, 東疆學刊, 2006-01, 74-83.

崔雄權・金一, 韓國小說在中國的傳播与研究, 東疆學刊, 1999-04, 42-48.

朴宰雨, 韓國魯迅研究的歷史与現狀, 魯迅研究月刊, 2005-04, 34-48.

劉艷萍, 韓國高麗文學對蘇軾及其詩文的接受, 延邊大學學報(社會科學版), 2008-04, 70-74.

鄭沃根, 明清小說在朝鮮, 中國文學研究, 2003-03, 52-55.

徐東日, 朝鮮李朝時期: 中朝兩國詩歌文學之關聯, 東疆學刊, 1998-02, 57-60.

張國風, 韓國所藏"太平广記詳節"的文獻价值, 文學遺産, 2002-04, 75-85.

李時人, 中國古代小說在韓國的傳播和影響, 夏旦學報(社會科學版), 1998-06, 91-97.

張峰屹, 儒學東漸与韓國漢詩, 中國文化研究, 2007-02, 125-136.

李圣華, 論韓國詩人對明詩的接受与批評—以韓國詩話爲中心, 中州學刊, 2007-04, 201-204.

鄭沃根, 中國小說的傳播与朝鮮初期儒敎的統治, 延邊大學學報(社會科學版), 2005-04, 51-55.

白承錫, 韓國高麗朝辭賦綜論, 四川師范大學學報(社會科學版), 2005-01, 75-81.

牛林杰, 韓國文獻中的"全唐詩"逸詩考, 文史哲, 1998-05, 117-122.

全英蘭, 杜詩對高麗、朝鮮文壇之影響, 杜甫研究學刊, 2003-01, 68-77.

楊玉, 朝鮮才女許蘭雪軒的詩作及其在中國的流傳, 烟台大學學報(哲學社會科學版), 1999-02, 65-67.

閔寬東, 朝鮮時代中國古典小說之出版情況, 明清小說研究, 2007-01, 264-276.

李時人・聶付生, 中國古代小說与朝鮮半島古代小說的淵源發展, 上海師范大學學報(哲學社會科學版), 2009-01, 73-80.

閻連科, "烏托邦"籠罩下的个人寫作—在韓國外國語大學的講演, 渤海大學學報(哲學社會科學版), 2009-02, 18-20.

李宝龍, 從神怪情節看韓國古代小說中的中國因素—以"謝氏南征記"、"九云夢"、"玉樓夢"爲例, 延邊大學學報(社會科學版), 2005-03, 37-41.

朴蓮順・楊昕, 從"朝天彔"看朝鮮使節与域外文人的文化交流, 延邊大學學報(社會科學版), 2008-06, 51-54.

黃有福, "朝鮮詩選"編輯出版背景研究, 当代韓國, 2002-03, 73-78.

金昌鎬, 中國現代文學中的韓國人形象, 社會科學戰線, 2004-01, 108-112.

尹允鎭, 試論朝鮮的漢文小說与中國文學的關聯—以傳字類小說爲中心, 延邊大學學報(社會科學版), 2004-01, 40-43.

李春花・雷子金, "春香傳": 朝鮮民族深層文化意識的再現, 延邊大學學報(哲學社會科學版), 1999-03, 47-52.

羅忼烈・高麗、朝鮮詞說略, 文學評論, 1991-03, 17-25.

車海鋒, 滿-通古斯諸民族与朝鮮民族民間叙事文學中神鹿的象征意蘊陶淵明"歸去來辭"与韓國漢文學, 延邊大學學報(社會科學版), 2007-05, 70-76.

曹虹, 陶淵明"歸去來辭"与韓國漢文學, 南京大學學報(哲學・人文科學・社會科學版), 2001-06, 18-26.

劉爲民, 中國現代文學与朝鮮, 山東大學學報(哲學社會科學版), 1996-03, 68-73.

韓梅, 論佛敎對韓國文學的影響, 理論學刊, 2005-05, 124-125.

高奈延, "西廂記"在韓國的傳播与接受, 南開學報, 2005-03, 54-60.

徐東日, 朝鮮朝燕行使者眼中的關羽形象, 東疆學刊, 2008-02, 36-41.

金英鎭, 論寒山詩對韓國禪師与文人的影響, 宗敎學研究, 2002-04, 40-47.

詹杭倫, 韓國(高麗、李朝)科擧考試律賦擧隅, 西南民族大學學報(人文社會科學版), 2012-01, 167-174.

常彬・楊義, 百年中國文學的朝鮮叙事, 中國社會科學, 2010-02, 185-199.

金東勛, 晚唐著名朝鮮詩人崔致遠, 中央民族學院學報, 1985-01, 75-82.

韓梅, 論如何看待韓國漢文學, 理論學刊, 2004-09, 125-126.

金敏鎬, "西游記"在韓國, 明淸小說研究, 2004-01, 199-205.

蔡美花・李雪花, 回顧与前瞻: 中國學者對韓國漢文學的研究, 延邊大學學報(社會科學版), 2004-04, 106-111.

閔寬東, 在韓國中國古典小說的傳入与研究, 明淸小說研究, 1997-04, 60-74.

柳晟俊, 韓國唐詩研究的新動向, 華南師范大學學報(社會科學版), 2005-01, 52-57.

許輝勛, 試談明淸小說對朝鮮古典小說的影響, 延邊大學學報(社會科學版), 1987-01, 70-80.

周建忠, "楚辭"在韓國的傳播与接受, 文學遺産, 2014-06, 123-132.

邝健行, 韓國詩話中的中國古代詩歌史料, 文學遺産, 2000-06, 95-106.

〈역사 분야 참고 문헌〉

孫衛國, 論事大主義与朝鮮王朝對明關系, 南開學報, 2002-04, 66-72.

鄭容和, 從周邊視角來看朝貢關系—朝鮮王朝對朝貢体系的認識和利用, 國際政治研究, 2006-01, 72-87.

孫衛國, 試論朝鮮王朝尊明貶淸的理論基础, 史學月刊, 2004-06, 44-50.

孫衛國, 試論朝鮮王朝之慕華思想, 社會科學輯刊, 2008-01, 109-115.

沈志華, 中蘇同盟、朝鮮戰爭与對日和約—東亞冷戰格局形成的三部曲及其互動關系, 中國社會科學, 2005-05, 172-188.

孫衛國, "朝天彔"与"燕行彔"—朝鮮使臣的中國使行紀彔, 中國典籍与文化, 2002-01, 74-80.

孫衛國, 試論入關前淸与朝鮮關系的演變歷程, 中國邊疆史地研究, 2006-02, 98-107.

劉爲, 淸代朝鮮使團貿易制度述略—中朝朝貢貿易研究之一, 中國邊疆史地研究, 2002-04, 38-49.

李善洪, 從十七世紀初朝鮮內外局勢看光海君的"兩端外交", 松遼學刊(社會科學版), 1996-01, 76-78.

李善洪, 試論毛文龍与朝鮮的關系, 史學集刊, 1996-02, 34-40.

牛軍, 朝鮮戰爭中中美決策比較研究, 当代中國史研究, 2000-06, 36-55.

陳尙胜, 字小与國家利益: 對于明朝就朝鮮壬辰倭亂所做反應的透視, 社會科學輯刊, 2008-01, 116-123.

沈志華, 中蘇聯盟与中國出兵朝鮮的決策—對中國和俄國文獻資料的比較研究, 当代中國史研究, 1996-05, 26-39.

朴龍洙, 韓國新鄕村運動述論, 西南民族大學學報(人文社會科學版), 2011-04, 55-59.

刁書仁, 論薩爾滸之戰前后后金与朝鮮的關系, 淸史研究, 2001-04, 43-50.

權赫秀, 陳樹棠在朝鮮的商務領事活動与近代中朝關系(1883年10月—1885年10月), 社會科學研究, 2006-01, 155-161.

刁書仁, 從"北伐論"到"北學論"—試論李氏朝鮮對淸朝態度的轉變, 中國邊疆史地研究, 2006-04, 113-122.

樊樹志, 万歷年間的朝鮮戰爭, 夏旦學報(社會科學版), 2003-06, 96-102.

王裕明, 明代遣使朝鮮述論, 齊魯學刊, 1998-02, 107-113.

沈志華・斯大林、毛澤東与朝鮮戰爭再議—根据俄國檔案文獻的最新証据, 史學集刊, 2007-05, 51-65.

董向榮, 美國對韓國的援助政策: 緣起、演進与結果, 世界歷史, 2004-06, 15-24.

刁書仁, 明代女眞与朝鮮的貿易, 史學集刊, 2007-05, 72-78.

張敏, 儒學在朝鮮的傳播与發展, 孔子研究, 1991-03, 106-112.

刁書仁, 論后金建立前与朝鮮的關系, 社會科學戰線, 2004-01, 247-250.

李善洪, 明淸時期朝鮮對華外交使節初探, 歷史檔案, 2008-02, 55-62.

魏志江, 論淸兵入關后大淸与朝鮮的關系—兼与韓國全海宗教授商榷, 江海學刊, 2002-06, 134-142.

苗威, 華夷觀的嬗變對朝鮮王朝吸收中國文化的影響, 東疆學刊, 2002-03, 67-71.

孫浩然, 韓國新村運動及其對我國建設社會主義新農村的啓示, 理論學刊, 2006-05, 76-77.

陳紅民, 晚淸外交的另一种困境: 以1887年朝鮮遣使事件爲中心的研究, 歷史研究, 2008-02, 119-131.

都興智, 唐政權与朝鮮半島的關系述論, 史學集刊, 2001-03, 61-64.

陳尙胜, 明淸時代的朝鮮使節与中國記聞—兼論"朝天彔"和"燕行彔"的資料价值, 海交史研究, 2001-02, 38-55.

李曉杰, 戰國時期韓國疆域變遷考, 中國史研究, 2001-03, 15-25.

葛兆光, 攬鏡自鑒—關于朝鮮、日本文獻中的近世中國史料及其他, 夏旦學報(社會科學版), 2008-02, 2-9.

楊天石, 蔣介石与韓國獨立運動, 抗日戰爭研究, 2000-04, 1-26.

齊德學, 關于抗美援朝戰爭的几个問題—兼談如何看待和運用俄羅斯已解密的朝鮮戰爭檔案問題, 中共党史研究, 1998-01, 74-88.

王政堯, 18世紀朝鮮"利用厚生"學說与淸代中國—"熱河日記"研究之一, 淸史研究,

1999-03, 31-37.

沈志華, 美國是怎樣卷入朝鮮戰爭的?, 世界歷史, 1995-03, 89-98.

趙學功, 核武器与美國對朝鮮戰爭的政策, 歷史研究, 2006-01, 136-156.

張增香, 淺談古代中國對朝鮮的影響, 東疆學刊, 2004-03, 87-91.

祁慶富, 金成南, 淸代北京的朝鮮使館, 淸史硏究, 2004-03, 107-114.

葛兆光, 漸行漸遠—淸代中叶朝鮮、日本与中國的陌生感, 書城, 2004-09, 46-50.

張小明, 朝鮮戰爭的地緣政治學分析, 南開學報, 2005-03, 23-29.

劉爲, 試論攝政王多爾袞的朝鮮政策, 中國邊疆史地硏究, 2005-03, 91-102.

白新良, 薩爾滸之戰与朝鮮出兵, 淸史硏究, 1997-03, 9-15.

張士尊, 明朝与朝鮮交通路線變化考, 鞍山師范學院學報, 2000-04, 13-17.

張婷婷, 明代朝鮮朝貢路線的演變, 南陽師范學院學報(社會科學版), 2004-04, 37-39.

宋慧娟, 康熙帝對朝鮮政策透析, 社會科學戰線, 2005-06, 136-140.

祝平燕, 韓國的女性學与婦女運動, 華中師范大學學報(人文社會科學版), 2003-02, 69-73.

林利民, 試析朝鮮戰爭期間美國對華全面經濟戰, 世界歷史, 1998-05, 10-16.

李水山, 韓國新村運動的背景、社會特征及其啓示, 職業技術敎育, 2007-01, 80-83.

〈철학 분야 참고 문헌〉

李艶軍, 孔子學院發展模式問題探析—以韓國忠北大學孔子學院爲例, 延邊大學學報(社會科學版), 2009-05, 62-65.

樓宇烈, 儒學在現代韓國, 傳統文化与現代化, 1998-01, 11-20.

梁宗華, 朝鮮儒學的本土化与民族化歷程, 中國哲學史, 2005-04, 97-104.

崔志鷹, 儒敎文化与韓國現代社會, 同濟大學學報(社會科學版), 2003-04, 97-102.

王國良, 朝鮮朱子學的傳播与思想傾向, 安徽大學學報, 2001-06, 65-68.

崔俊植, 從韓國宗敎的現實及其透視鏡觀察到的韓國文化, 当代韓國, 2006-03, 62-73.

朴鐘錦, 韓國宗敎的多元共存与韓國人的國民性格, 世界民族, 2004-06, 57-63.

王麗, 朝鮮初期性理學的發展, 東北亞論壇, 2003-02, 64-67.

李正奎, 韓國近代社會的變遷与基督敎, 延邊大學學報(社會科學版), 2001-02, 92-95.

邢麗菊, 試論韓國儒學的特性, 中國哲學史, 2007-04, 90-101.

楊泓, 中國古代和韓國古代的佛教舍利容器, 考古, 2009-01, 73-84.

鄭鳳霞·張順興, 中國儒家傳統文化對韓國社會發展的影響, 延邊大學學報(社會科學版), 2009-04, 62-66.

孫君恒, 韓國儒家倫理的特点, 東疆學刊, 2003-01, 38-43.

崔英辰·邢麗菊, 朝鮮王朝時期儒學思想的基本問題—以性理學和實學思想爲中心, 哲學研究, 2006-04, 91-94.

朴鐘錦, 韓國宗教多元化的特点分析, 北京第二外國語學院學報, 2004-06, 114-118.

潘暢和, 儒學与当代韓國, 当代韓國, 1996-04, 50-53.

金東勛, 韓國宗教文化略論, 延邊大學學報(哲學社會科學版), 1998-04, 100-105.

錢明, 朝鮮陽明學派的形成与東亞三國陽明學的定位, 浙江大學學報(人文社會科學版), 2006-03, 138-146.

張品端, "朱子家礼"与朝鮮礼學的發展, 中國社會科學院研究生院學報, 2011-01, 141-144.

李甦平, 論韓國儒學的特性, 孔子研究, 2008-01, 4-12.

李順連, 孔子的人生哲學及其在韓國的影響, 華中師范大學學報(人文社會科學版), 2003-02, 74-82.

劉丹, 基督教与近代西方文化在朝鮮半島的傳播, 貴州師范大學學報(社會科學版), 2000-01, 56-59.

孟慧英, 韓國薩滿教印象, 当代韓國, 2005-01, 68-74.

李虎, 淺議朝鮮朱子學特性及其演變, 延邊大學學報(社會科學版), 2000-03, 51-53.

李英順, 朝鮮北學派實學思想与諸實學流派的關系, 東疆學刊, 2009-02, 13-20.

杜成輝, 韓國儒教的歷史和現狀, 大理學院學報(社會科學), 2006-11, 22-25.

鄭柄朝, 韓國佛教的思想特征—以新羅末期、高麗初期爲中心, 西北民族論叢, 2007-00, 160-181.

尹以欽·張曉校, 韓國歷史上的薩滿教角色, 滿語研究, 1996-02, 121-123.

何勁松, 論韓國僧人在中國佛教史上的地位和作用, 当代韓國, 2002-04, 30-32.

洪軍, 論朝鮮朱子學与李栗谷哲學, 東疆學刊, 2002-02, 27-32.

槐里, 現代意義上的儒教國家—韓國—海東房學雜記, 孔子研究, 1993-02, 128-129.

章宏偉, 10-14世紀中國与朝鮮半島的漢文大藏經交流, 古籍整理研究學刊, 2009-06,

35-47.

朴英姫, 論韓國基督教會在"三一"運動中的作用, 韓國研究論叢, 1998-00, 242-249.

李甦平, 論韓國的三教和合——以花郎道爲中心, 当代韓國, 2001-04, 70-75.

張澤洪, 唐五代時期道教在朝鮮的傳播, 宗教學研究, 2004-02, 63-69.

林樂昌, 張橫渠礼學思想的基本特征及其對朝鮮曹南冥學派的影響, 中國哲學史, 2007-03, 85-92.

許輝勛, 道教的東漸与朝鮮古典文學之三种流向, 延邊大學學報(哲學社會科學版), 1994-03, 49-55.

趙冰波, 儒學的開放兼容精神与日本韓國現代文明的發展, 開封大學學報, 1999-04, 43-51.

王德朋, 論韓國僧人對中國佛教發展的歷史貢獻, 吉林師范大學學報(人文社會科學版), 2005-06, 60-63.

文日煥, 朝鮮古代鳥崇拜与卵生神話之起源探究, 中央民族大學學報, 2003-06, 79-82.

吳京厚, 高麗末朝鮮初儒佛論爭——以鄭道傳的排佛論爲中心, 西南民族大學學報(人文社科版), 2006-06, 143-146.

邢麗菊, 朝鮮時期儒學者對孟子"四端說"的闡釋——以退溪、栗谷与茶山爲中心, 社會科學戰線, 2006-06, 254-257.

李斌斌·李虎, 論朝鮮朱子學初期形成特点及其演變, 東疆學刊, 2007-03, 22-25.

劉國清, 面向現實社會生活——韓國民衆神學評述, 宗教學研究, 1996-03, 91-95.

林賢九, 儒學在朝鮮的傳播和影響, 延邊大學學報(哲學社會科學版), 1996-01, 13-19.

劉光彩·張漢芳, 儒家家庭倫理對韓國家庭的影響, 教育評論, 1996-04, 48-49.

滿岩, 基督教對韓國各社會領域的影響, 遼東學院學報(社會科學版), 2008-06, 118-121.

崔仙任, 韓國宗教現狀簡述, 宗教學研究, 2008-02, 217-218.

黃心川, 韓國佛教的發展過程及其与中國的双向交流, 中國文化研究, 1995-01, 140-144.

문형진, 「빅데이터를 활용한 중국의 한국학지식체계 분석-철학과 종교분야를 중심으로」, 『중국연구』88권, 한국외대 중국연구소, 2021-09, 297-320.

〈종합 분야 참고 문헌〉

김윤태, 중국의 한국학 연구동향, 『중국연구』 제38권, 중국, 2006, 77-91.

박동훈, 중국에서의 한국정치 연구동향과 과제-『韓國硏究論叢』과 『當代韓國』을 중심으로, 『한국과 국제정치』 제29-2호, 2013, 169-202.

박문자, 중국 대학의 한국학 연구와 그 역할에 대한 고찰, 『한국언어문화학』 제2권 1호, 국제한국언어문화학회, 2005, 101-109.

박현규, 중국 지역 한국학 고문헌 정리 현황과 수집 방향, 『대동한문학』 제30집, 2009, 460-492.

徐迎迎, 중국의 한국학과의 현황과 과제, 중국학연구회 학술발표회, 2013, 209-233.

소재영, 중국에서의 한국학 연구, 『국학연구논총』 3집, 택민국학연구원, 2009, 7-19.

송현호, 중국 지역의 한국학 현황, 『한중인문학연구』 35, 2012, 463-504.

송현호, 한중 인문 교류의 현황과 과제-교육부의 한국학진흥사업을 중심으로-, 『한중인문학연구』 44, 2014, 1-24.

윤해연, 중국에서 한국학 교육의 역사와 현황 그리고 향후 전망, 『東方學志』 제177집, 2016, 399-426.

진관타오·류칭펑 지음, 양일모 외 옮김, 『관념사란 무엇인가』, 푸른역사, 2008.

肖霞·李忠輝, 中國韓國學研究現狀、問題及建議. 『열린정신인문학연구』 13(1), 2012, 143-162.

문형진

주요 경력

中國 中央民族大學 歷史學科(역사학박사)
현, 中國 中央民族大學 한국문화연구소 초빙연구원
현, 중화권 한국학 지형도연구 사업단장
현, 국제한국사학회 회장
현, 동덕여자대학교 글로벌다문화학전공 교수

주요 저서

『재한 조선족, 1987-2020년』(공저, 2020)
『경계인의 삶과 생활: 조선족 동포를 중심으로』(2014)
『사이(間)문화: 한중, 한일을 중심으로』(2014)
『다민족 국가의 통합정책과 평화정착의 문제』(공저, 2008)

중국과 대만의
한국학 지식 지형도

|

어문학·역사철학 분야
학술 데이터 분석

초판인쇄 2021년 11월 30일
초판발행 2021년 11월 30일

지은이 문형진
펴낸이 채종준
펴낸곳 한국학술정보㈜
주 소 경기도 파주시 회동길 230(문발동)
전 화 031) 908-3181(대표)
팩 스 031) 908-3189
홈페이지 http://ebook.kstudy.com
E-mail 출판사업부 publish@kstudy.com
출판신고 2003년 9월 25일 제406-2003-000012호

ISBN 979-11-6801-209-7 93340